"十二五"职业教育国家规划教材
经全国职业教育教材审定委员会审定

U0674685

高职高专教改新成果规划教材·会计

财务会计实务
同步训练

（第二版）

国燕萍 主审

段禾青 刘英 李静荣 主编 ★ 王建安 邢嫄 龙粒 副主编

东北财经大学出版社 大连
Dongbei University of Finance & Economics Press

图书在版编目（CIP）数据

财务会计实务同步训练／段禾青，刘英，李静荣主编．—2 版．
—大连：东北财经大学出版社，2015.2（2017.6 重印）
（高职高专教改新成果规划教材·会计）
ISBN 978-7-5654-1768-9

Ⅰ．财…　Ⅱ.①段…　②刘…　③李…　Ⅲ．财务会计-高等职业
教育-习题集　Ⅳ. F234.4-44

中国版本图书馆 CIP 数据核字（2014）第 2301044 号

东北财经大学出版社出版
（大连市黑石礁尖山街 217 号　邮政编码　116025）
教学支持：（0411）84710309
营 销 部：（0411）84710711
总 编 室：（0411）84710523
网　　址：http：//www. dufep. cn
读者信箱：dufep @ dufe. edu. cn

大连东泰彩印技术开发有限公司印刷　东北财经大学出版社发行

幅面尺寸：170mm×240mm　　　字数：264 千字　　　印张：13.5
2015 年 2 月第 2 版　　　　　　　　　　　2017 年 6 月第 6 次印刷

责任编辑：张旭凤　高　鹏　　　　　　　责任校对：惠恩乐
封面设计：冀贵收　　　　　　　　　　　版式设计：钟福建

定价：26.00 元

"高职高专教改新成果规划教材·会计"编写委员会

（以下排名以姓氏笔画为序）

☆ **编委会主任委员**

张　亮　赵国明

☆ **编委会副主任委员**

刘彩霞　陈宏桥　何爱赟　苏　龙　周列平　曾玲芳　蒲　萍

☆ **丛书总主编**

郭　黎

☆ **编委会成员**

王建安　王艳霞　兰　霞　刘晓霞　孙雅丽　许海川　陈刚中
李　杰　李银鹏　张丽娟　国燕萍　罗银舫　周　敏　赵艳秉
徐　珏　崔德志　黄海轮　谢荣军　廖海燕

迄今为止，我国高职高专院校总数已超过 1 200 所，在校学生人数亦接近1 000万人。高等职业教育已经成为我国高等教育体系中一种独立的教育类型，全国各地设立的高职院校如风起云涌般出现在大众视野中，高职毕业生已成为我国就业大军中的一支生力军。

在过去的十余年中，社会各界人士、高职院校自身和教育管理部门对"高等职业教育"的办学性质和办学定位进行了大胆的探索和实践。起初，不少高职院校的主要想法是尽可能扩大招生规模，满足高等教育大众化的需求，至于应如何保障高等职业院校的教学质量以及实现长远发展等则众说纷纭，莫衷一是。直至2006 年，教育部下发了《关于全面提高高等职业教育教学质量的若干意见》，提出了"以服务为宗旨，以就业为导向，走产学结合发展道路，为社会主义现代化建设培养千百万高素质技能型专门人才"的高等职业教育发展战略，各高职院校才在这一具有里程碑意义的重要文件的引导下，集中力量在办学模式和教学模式等方面积极改革，锐意创新，逐渐树立了适合自身发展的人才培养特色。

当前，高职院校教学改革的核心任务依然是专业建设。专业建设是高职院校人才培养的重要依托，决定着人才培养的规格和办学水平，是一项涉及专业设置、课程建设、教学条件、教学内容、教学方法与教学手段改革的系统工程。《教育部、财政部关于进一步推进"国家示范性高等职业院校建设计划"实施工作的通知》（教高〔2010〕8 号）中强调，"主动适应区域产业结构升级需要，及时调整专业结构；深化订单培养、工学交替等多样化的人才培养模式改革，参照职业岗位任职要求制订培养方案，引入行业企业技术标准开发专业课程；推行任务驱动、项目导向的教学模式"，更是指明了今后高职院校专业建设的方向。

教材建设一直是专业建设中的一项重要内容。教材是教师传达教育理念、传播专业知识、指导实践活动的主要窗口，是学生了解和掌握专业知识与能力的最重要的平台。多年的高等职业教育实践表明，选择一本好的教材对提高教学质量、提升专业建设水平至关重要。这一次我们武汉地区十余所高职院校联合编写"高职高专教改新成果规划教材·会计"系列教材，正是在对有关文件精神的学习和认真贯彻，以及多年教学实践经验总结的前提下的一次积极尝试。同时，我们也希望该系列教材的编写和出版，在一定程度上可以助推各高职院校会计专业课程的教学改革。

合作必须有基础，我们的这次合作既源于这十余所高职院校的会计专业教师有着多年的专业建设经历和课程建设经验，对高职院校会计专业学生学习、就业的情况比较熟悉，对区域经济和行业发展现状有着比较一致的认知，更在于我们主动相互学习、交流经验。在教材编写之前，针对课程标准与教材的关系、课程设计的基本思路、项目教学内容的选择及教学任务的构建与驱动、理实一体化等问题，我们进行了深入的研究和讨论。由于大家相互之间都比较熟悉，之前的交流机会比较多，认识相对统一，形成的一致意见也比较多。在编写和出版过程中，编委会在尊重各高职院校教学发展特点的基础上，适当考虑教材的普适性和可扩展性，尽可能做到协调一致、共同发展，正所谓"求大同存小异"，刚好与目前高等职业教育教学改革的实际情况相符。所以，我们认为该系列教材的出版是各院校教改思想交流与碰撞的新成果之一，体现出了武汉地区高职高专会计专业建设和课程建设的主要特色。

首先，我们力求在教材编写中融入课程设计的基本思想，以体现职业教育的特征。具有职业特征的课程应该是基于知识应用的课程，包含职业特征的教材应该体现基于工作过程的行动体系；课程设计就是对工作过程的系统化加工、整理过程，通过教学任务的排序、教学内容的选择和教学活动的设计，使学生得到"知识、能力、素质"的整体提升。在教材编写过程中体现工作过程系统化设计思想，主要任务应该是构建学习领域、设计学习情境。在本系列教材的编写过程中，编写老师们将多年以来进行教学改革和课程建设的经验和成果通过他们所编写的教材予以体现，特别是很多教材的主编老师经过了长期企业调研和工作过程分析以后，在学习情境设计中采用了不同于以往的课程教学载体，如《基础会计实务》、《企业纳税实务》等，使得系列教材特色鲜明、精彩纷呈。

其次，本系列教材采用的是不完全任务驱动教学模式。所谓"任务驱动"，就是学生在教师的帮助下紧紧围绕一个共同的任务活动中心，在强烈的问题动机的驱动下，通过对学习资源的积极主动应用，进行自主探索和互动协作的学习，并在完成既定任务的同时，适当进行实践活动。对于这种模式如何在会计专业课程中应用，大家的讨论还是比较激烈的。不过，编写老师们一致认为这将是今后一段时期内高等职业教育教学改革的一个重要方面，只是由于目前教育资源还不够充足，广泛应用这一模式的时机尚不成熟，而且我们也不认为所有的课程都适合，因而我们只是选择了一些目前相对具备可行条件的课程，如财务会计实务、成本会计实务、审计基础与实务等，鼓励编写老师们勇于面对难题，采用任务驱动的方式进行教材编写，而还有一部分课程的编写仍然采用其他模式。

在采用任务驱动模式编写的教材中，我们将项目中包含的每个任务分解为"任务描述"、"相关知识"、"任务实施"、"任务评价"四个部分，将以传授知识为主的传统教学理念，转变为以解决问题、完成任务为主的多维互动式教学理念，将"再现式教学"转变为"探究式学习"，使学生处于积极主动的学习状态，"做中学，学中做"，鼓励学生根据自己对当前问题的理解，运用共有的知识和自己特有的经验提出方案、解决问题，并在最后进行适当的评价总结。

最后，由于各高等职业院校会计专业的实训条件和实训设施的配备存在一定差异，所以在此次教材编写过程中，我们将实践性教学内容尽可能予以一定的体现。其一，对于专门的会计综合模拟实训课程，我们单独对应编写了一本仿真性实训教材，即《会计综合模拟实训》；其二，对于实践性较强的课程，主编老师主动与教学软件的供应商合作，在得到授权后将这些教学软件中的一部分实践性教学内容呈现在教材中，我们认为这也是一种比较好的方式，如《企业纳税实务》、《会计电算化实务》（财务链篇）、《会计电算化实务》（供应链篇）等；其三，在实际教学中，有个别课程是将课堂练习与实训结合在一起的，所以我们单独编写了一些配套教材，如《基础会计实务同步训练》、《财务会计实务同步训练》、《成本会计实务同步训练》、《财务管理实务同步训练》，以便更好地满足实训需求。

在组织编写教材的过程中，我们得到了来自各高等职业院校的同仁、企业的会计工作者，以及会计职业教育领域的专家和学者的大力支持，尤其是东北财经大学出版社的编辑同志们在指导编写过程中所体现的责任心和专业水平令我们由衷钦佩，在此我们表示深深的感谢。当然，我们还要感谢武汉恒曦书业发展有限公司肖雯总经理及她的团队，是他们的组织协调以及始终如一的努力，才使得系列教材编写得以顺利开展与实施。

在过去的十余年里，高等职业院校的教育工作者亲历了高等职业教育的发展和壮大过程，同时也体会到了变革所带来的迷茫、艰辛、苦涩、兴奋和满足。高等职业教育是具有中国特色的一种教育形式，教育部多年来通过办学水平评估、国家级示范高职院校建设和国家级骨干高职院校建设等方式，倡导高职院校通过加强内涵建设的方式提高办学水平、提升教育质量，迄今为止已经取得了为社会所公认的成就。但由于高等职业教育缺乏大家公认的、稳定的且比较完善的教育理论体系作为支撑，因而在高等职业教育领域中出现了相对较多的"流派"，各所高等职业院校的老师们走出校园，到企业调研、考察，院校之间相互学习，争相在办学定位、专业建设、教育教学方法和教学手段上推陈出新。这样一种百家争鸣、百花齐放的局面，一方面说明了高等职业教育的年轻与活力，另一方面也说明这种教育类型的不成熟，今后改革的空间仍然很大。因而，作为身处其中的我们感到任务依然很艰巨。我们只有不断进取，以只争朝夕的精神同心协力地推动高等职业教育的改革，才能够完成历史所赋予我们的使命。尽管我们在编写这套系列教材的过程中进行了不懈的探索，付出了努力，付出了艰辛，但我们深感做得还远远不够，需要我们改进的地方还很多。加之时间仓促以及认识水平上的差异，这套系列教材不可避免地存在一些疏漏和不足，我们恳请广大读者和同行不吝赐教。

"高职高专教改新成果规划教材·会计"编写委员会

　　《财务会计实务同步训练》自出版以来，由于和主教材《财务会计实务》的内容进行了有效衔接，充分体现了教、学、做一体化的职业教育思想，成为其必要补充，因而受到了广大读者的肯定与喜爱，为此我们在第一版教学实践的基础上，汇集了相关教学和实践单位的意见及建议，根据《财务会计实务》（第二版）内容，配套编写了《财务会计实务同步训练》（第二版）。

　　《财务会计实务同步训练》（第二版）围绕高等职业教育培养技能型人才的目标，依据财政部颁布的《企业会计准则》和最新各项财务管理规范的要求编写而成，本书的编写目的在于培养读者的财务会计核算专业能力。为方便读者学习，在内容的编排方面，本书与《财务会计实务》（第二版）同步，分为单项能力测试与综合能力检测两部分，并配套编写了参考答案，供读者参考和学习。本书不仅是对主教材内容的复习与巩固，也是对专业知识的补充与扩展，读者可以在同步训练中获得启发，开阔思路，提升能力。

　　本次修订，具体改进内容如下：

　　1. 为了让读者在不同阶段掌握自己的学习状况，增加了各阶段检测内容，具体包括学前检测、上篇检测、下篇检测和综合检测四个部分，使各部分知识能够有效地衔接。

　　2. 个别图表作了进一步改进，数据之间的关系更严谨。

　　3. 对个别文字、数字进行了勘误，以保证表达的准确性。

　　本书第二版凝聚了第一版所有编者更多的辛勤汗水，但会计理论、方法与实践在不断地发展变化中，所以尽管我们对本书进行了反复斟酌，书中缺点和疏漏之处也在所难免，敬请读者批评指正（联系邮箱：guo. yp@ 163. com），以便日后不断修改和完善。

编　者

2015 年 1 月

为了配合《财务会计实务》教材的教与学，在广泛收集资料的基础上，我们编写了这本配套训练用书。本书以 2006 年财政部颁布的《企业会计准则》为依据进行编写，涵盖了工业企业财务会计工作全过程的核算技能，也是会计职称考试的重要内容。本书的编写目的在于培养学生的财务会计核算专业能力。

本书的编写得到了会计实务界专家的大力支持，是全体编写人员智慧的结晶。书中部分习题来源于历年会计职称考试的试题，部分习题参考了近两年来财政部印发的会计资格考试辅导教材，还有部分习题是作者在多年教学和实务中总结研发的。作为高职高专会计核心专业课程的配套教材，本书适合于高职高专会计专业师生使用，也适合相关从业人员和自学者使用。

本书的编排与《财务会计实务》教材同步，题目难易适度。每个学习情境大都包括五种题型：单项选择题、多项选择题、判断题、简答题和账务处理题，并配备了参考答案，供读者参考和学习。本书不仅是对主教材内容的复习与巩固，也是对专业知识的补充与扩展，读者可以在训练中获得启发，开阔思路，提升能力。

本书由湖北生态工程职业技术学院段禾青、湖北生物科技职业学院刘英、武汉信息传播职业技术学院李静荣任主编，武汉铁路职业技术学院王建安、武汉商贸职业学院邢嫄和武汉迪豪科技有限公司会计经理龙粒任副主编；另外，武汉软件工程职业学院郭黎、武汉外语外事职业学院（武汉科技大学城市学院）国燕萍、长江职业学院刘晓霞、武汉外语外事职业学院（武汉科技大学城市学院）陈计专也参与了部分编写工作。本书由国燕萍和段禾青修改、统稿，最后由国燕萍主审。

由于作者水平有限，书中缺点和疏漏之处在所难免，敬请读者批评指正（联系邮箱：guo. yp@ 163. com），以便日后不断修改和完善。

编　者
2012 年 6 月

目 录

第一部分 同步练习

第二部分 参考答案

同步练习

学前检测

一、单项选择题

1. (　　)是指会计核算和监督的内容。

A. 会计职能　　　　　　　　　　　B. 会计本质

C. 会计对象　　　　　　　　　　　D. 会计方法

2. 各种账务处理程序的主要区别是(　　)。

A. 会计凭证格式不同　　　　　　　B. 会计账簿不同

C. 登记总账的依据不同　　　　　　D. 会计报表种类不同

3. 在试算平衡中,如果试算平衡,下列表述中,正确的是(　　)。

A. 说明本期增加数一定等于本期减少数

B. 说明每一个账户额借方数一定等于贷方数

C. 不一定说明账本记录正确

D. 说明期初余额一定等于期末余额

4. 财产清查是查明财产物资的实有数额,确定(　　)是否相符的一种专门方法。

A. 账证　　　　　　　　　　　　　B. 账账

C. 账表　　　　　　　　　　　　　D. 账实

5. 在下列项目中,属于国家统一规定的一级会计科目的是(　　)。

A. 应交增值税　　　　　　　　　　B. 专利权

C. 利息费用　　　　　　　　　　　D. 所得税费用

6. "累计折旧"属于(　　)账户。

A. 资产类　　　　　　　　　　　　B. 负债类

C. 所有者权益类　　　　　　　　　D. 损益类

7. 在复式记账法下,对每项经济业务都应以相等的金额,在(　　)中进行登记。

A. 不同性质的账户　　　　　　　　B. 两个账户

C. 两个或两个以上的账户   D. 一个或一个以上的账户

8. 按"有借必有贷,借贷必相等"的记账规则记录经济业务后的结果是( )。

A. 资产类账户发生额等于负债和所有者权益账户发生额

B. 所有账户的本期借方发生额合计等于本期贷方发生额合计

C. 每个账户的借方发生额等于贷方发生额

D. 任何总账的借贷方发生额必然相等

9. 会计机构、会计人员对不真实、不合法的原始凭证和违法收支,应当( )。

A. 不予受理   B. 予以受理

C. 予以纠正   D. 予以记账

10. 财产物资的盘盈额应记入"待处理财产损溢"账户的( )方。

A. 借   B. 贷

C. 借或贷   D. 借和贷

11. 销售产品一批,部分货款对方已存入本企业银行账户,部分货款对方暂欠,应填制的记账凭证是( )。

A. 收款凭证和转账凭证   B. 付款凭证和转账凭证

C. 收款凭证和付款凭证   D. 两张转账凭证

12. 原始凭证有错误的,应当由出具单位重开或更正,在原始凭证更正处应当( )。

A. 加盖单位负责人印章   B. 加盖单位会计印章

C. 加盖单位财务主管印章   D. 加盖出具单位印章

13. 在启用会计账簿时,应当在账簿封面上写明( )。

A. 单位负责人名字   B. 单位、账簿名称

C. 会计主管名字   D. 记账人员名字

14. 下列账簿中,一般采用活页账形式的是( )。

A. 日记账   B. 明细分类账

C. 总分类账   D. 备查账

15. 生产车间直接生产产品领用原材料 5 000 元,填制记账凭证时,将金额误记为 50 000 元,并已登记入账,其更正分录为( )。

A. 借:生产成本   50 000

　　贷:原材料   50 000

B. 借:生产成本   50 000

　　贷:原材料   50 000

C. 借:生产成本   45 000

　　　　贷：原材料　　　　　　　　　　　　　　　　　　　　45 000

　　D. 借：生产成本　　　　　　　　　　　45 000

　　　　贷：原材料　　　　　　　　　　　　　　　　　　　　45 000

16. 下列项目中，属于账证核对内容的是(　　　　)。

　　A. 总分类账簿与所属明细分类账簿核对

　　B. 会计账簿的记录与记账凭证核对

　　C. 原始凭证与记账凭证核对

　　D. 银行存款日记账与银行对账单核对

17. 银行存款余额调节表中，企业银行存款账面余额应减去(　　　　)。

　　A. 银行已收，企业未收　　　　　　　　B. 银行已付，企业未付

　　C. 企业已收，银行未收　　　　　　　　D. 企业已付，银行未付

18. 编制财务报表时，以"资产＝负债＋所有者权益"这一会计等式作为编制依据的财务报表是(　　　　)。

　　A. 利润表　　　　　　　　　　　　　　B. 所有者权益变动表

　　C. 资产负债表　　　　　　　　　　　　D. 现金流量表

19. 重置成本是指按照当前市场条件，重新取得同样一项资产所需的支付的现金或现金等价物金额，又称为(　　　　)。

　　A. 历史成本　　　　　　　　　　　　　B. 实际成本

　　C. 原始成本　　　　　　　　　　　　　D. 现行成本

20. (　　　　)要求充分考虑会计信息的使用者对本企业会计信息的需要，提高会计信息的有用性，满足相关各方的信息需求。

　　A. 合法性原则　　　　　　　　　　　　B. 实用性原则

　　C. 全面性原则　　　　　　　　　　　　D. 相关性原则

二、多项选择题

1. 会计主体可以是(　　　　)。

　　A. 企业内部的某一单位和企业中的一个特定部分

　　B. 一个单位一个企业

　　C. 由几个企业组成的企业集团

　　D. 独立法人，也可以是非法人

2. 期间费用包括(　　　　)。

　　A. 管理费用　　　　　　　　　　　　　B. 车间制造费用

　　C. 销售费用　　　　　　　　　　　　　D. 财务费用

3. 各种会计核算方法相互联系、密切配合，构成了一个完整的方法体系，即为一个会计循环。其中，属于会计核算工作三大环节的是(　　　　)。

A. 设立会计科目与账户 B. 填制和审核会计凭证

C. 登记账簿 D. 编制会计报表

4. 下列账户中，属于成本类账户的有（   ）。

A. 制造费用 B. 管理费用

C. 主营业务成本 D. 生产成本

5. 下列属于工业制造企业的其他业务收入的有（   ）。

A. 产成品销售收入 B. 材料销售收入

C. 固定资产出租收入 D. 利息收入

6. 以下错误不能通过试算平衡发现的有（   ）。

A. 某项经济业务借贷方金额记了两遍

B. 一笔业务的记录全部被漏记

C. 借方金额记错，贷方金额正确

D. 借贷方向颠倒

7. 下列有关明细分类账户的说法中，正确的有（   ）。

A. 也称一级账户 B. 是进行明细分类核算的依据

C. 是进行总分类核算的依据 D. 提供更加详细具体的指标

8. 下列属于原始凭证的有（   ）。

A. 银行进账单 B. 现金收据

C. 收款凭证 D. 转账凭证

9. 原始凭证真实性审核的内容是（   ）。

A. 经济业务发生的时间、地点，和填制日期是否真实

B. 经济业务的双方当事单位和当事人是否真实

C. 经济业务内容是否真实

D. 经济业务的数量金额是否真实

10. 下列情况可以用红墨水记账的情况有（   ）。

A. 按照红字冲账的记账凭证，冲销错误记录

B. 在不设借贷栏的多栏式账页中，登记减少数

C. 在三栏式账户的余额栏前，如未印明余额方向的，在余额栏内登记负数余额

D. 银行的复写账簿

11. 企业财务会计报告分为（   ）财务会计报告。

A. 年度 B. 半年度

C. 季度 D. 月度

12. 下列各项中，属于生产规模较大，业务较多的企业可以采用的账务处理程序有（   ）。

A. 多栏式日记账账务处理程序 B. 汇总记账凭证账务处理程序

C. 科目汇总表账务处理程序 D. 记账凭证账务处理程序

13. 某投资者决定从甲公司退出，甲公司以银行存款退还其原始投资 50 万元，同时注销等额的注册资本，下列表述中，正确的有(　　)。

A. 贷记"银行存款"科目 B. 贷记"实收资本"科目

C. 借记"银行存款"科目 D. 借记"实收资本"科目

14. 下列各项中，属于原始凭证基本内容的有(　　)。

A. 凭证的编号

B. 原始凭证的名称

C. 经济业务的内容（含数量，单价，金额等）

D. 接受凭证单位名称

15. 下列选项中，构成会计分录基本内容的有(　　)。

A. 记账时间 B. 应记金额

C. 应记科目的名称 D. 应记科目的方向

16. 按照权责发生制的要求，不应作为本期收入的项目是(　　)。

A. 收到企业投资款，存入银行

B. 收取外单位预付账款

C. 收到外单位还来的上月欠款 550 元，存入银行

D. 销售商品一批计 100 000 元，货款尚未收到

17. 在我国境内，会计记录的文字(　　)。

A. 可使用民族文字，但不能使用外国文字

B. 应当使用中文

C. 应当使用中文和英文

D. 必须使用中文的同时，可以用其他通用文字

18. 结账的程序包括(　　)。

A. 将损益类科目转入"本年利润"科目，结平所有损益类科目

B. 将本期发生的经济业务事项全部登记入账

C. 结算出资产、负债和所有者权益科目的本期发生额和余额，并结转下期

D. 结出资产、负债和所有者权益科目月初至本页末止的发生额合计和余额，并过次页

19. 下列有关备查账簿说法错误的是(　　)。

A. 备查账簿可以为某项经济业务的内容提供必要的参考资料

B. 备查账簿可以由各单位根据需要进行设置

C. 固定资产登记簿属于备查账簿

D. 备查账簿除主要栏目记录金额外，还注重用文字来表述某项经济业务

20. 借贷记账法下，账户的"借"方表示(　　)。

A. 资产、成本、费用的增加 B. 负债的减少

C. 所有者权益的减少 D. 收入、收益的减少

三、判断题

1. 会计基本假设是会计确认、计量和报告的前提，是对会计核算所处时间、空间环境等所作的推测。 （　　）

2. 一般而言，费用（支出）类账户结构与权益类账户结构相同。 （　　）

3. 借贷记账法的试算平衡方法包括发生额试算平衡法和余额试算平衡法。 （　　）

4. 损益类账户期末一般也应有余额。 （　　）

5. 会计凭证的意义是：记录经济业务，提供记账依据，明确经济责任，强化内部控制，监督经济活动，控制经济运行。 （　　）

6. 对各种重要的原始凭证，如押金收据，提货单等，以及各种需要随时查阅和退回的单据，应另编目录，单独保管，并在有关记账凭证和原始凭证上分别注明日期和编号。 （　　）

7. 收入、成本、费用，利润和利润分配明细账一般采用三栏式账簿。 （　　）

8. 所有的记账凭证都应附有原始凭证。 （　　）

9. 在补充登记法下，按少计的金额用蓝笔填制一张与原记账凭证完全相同的记账凭证（包括记账凭证应借应贷科目、摘要、凭证编号等），补记少记金额即可。 （　　）

10. 活页账是指账页装在活页账夹中，在账簿登记完后也不固定装订在一起。 （　　）

11. 中期财务会计报告不仅包括半年度财务会计报告，还包括季度和月度财务会计报告。 （　　）

12. 企业将现金存入银行或从银行提取现金，为避免重复，一般只编制收款凭证，不编制付款凭证。 （　　）

13. 记账后在当年内发现记账凭证会计科目无误、所记金额大于应记金额，从而引起记账错误，适用于红字更正法。 （　　）

14. 年终结账时，将所有总账账户结出全年发生额和年末余额，在摘要栏内注明"本年合计"字样，并在合计数下通栏划单红线。 （　　）

15. 会计报表应当包括财务会计报告及其他应当在财务会计报告中披露的相关信息和资料。 （　　）

16. 复合会计分录仅指账户的对应关系属于多借多贷的会计分录。 （　　）

17. 基本准则规定，企业在对会计要素进行计量时，一般应当采用历史成本。 （　　）

18. 会计科目仅仅是名称而已，若要体现会计要素的增减变化及变化后的结果，则要借助于账户。 （　　）

19. 对于债权、债务，企业应采取与对方核对账目的方法来确定其真实性和正确性；对于资产，则应采用实地盘点的方法来查明其账实是否相符。 （　　）

20. 资产负债表的左方项目是按资产的流动性来排列的，流动性快的资产排在前面，流动性慢的资产排在后面。　　　　　　　　　　　　　　　（　　）

四、业务题

（一）甲公司 2014 年 11 月份发生了下列经济业务（部分）：

1. 以现金为财务科购买办公用品 900 元。

2. 用银行存款支付本月车间水电费 3 500 元，产品广告费 1 500 元。

3. 收到外单位投资的全新设备一台，价值 21 000 元。

4. 结转已销产品的成本 8 000 元。

5. 经计算本月应计提固定资产折旧 40 000 元，其中：厂部使用的固定资产应提折旧 10 000 元，车间使用的固定资产应提折旧 30 000 元。

要求：逐笔编制甲公司上述业务的会计分录。

（二）A 公司为增值税一般纳税人，2014 年 12 月份发生了下列业务：

1. 购入原材料 5 000 元，增值税 850 元，材料已经验收入库，款项已银行存款支付。

2. 销售产品一批，价款为 50 000 元，增值税为 8 500 元，款项收到存入银行。

3. 用银行存款 20 000 元从其他单位购入一项专利技术。

4. 以银行存款归还短期借款 4 500 元，及本月借款利息 500 元。

5. 经核实某供货商已经破产倒闭，银行账户已注销，以前年度所欠该供应商的贷款 30 000 元无法支付。

要求：逐笔编制 A 公司上述业务的会计分录。

一、单项选择题

1. 下列各项中，符合会计要素收入定义的是（　　　）。
A. 出售材料收入
B. 转让固定资产净收益
C. 出售无形资产净收益
D. 向购货方收取的增值税销项税额

2. 下列各项中，不符合资产定义的是（　　　）。
A. 委托代销商品
B. 企业将要购置的设备
C. 委托加工物资
D. 尚待加工的半成品

3. 下列各项中，能够使企业资产总额减少的是（　　　）。
A. 向银行借款
B. 以银行存款偿还借款
C. 用银行借款直接偿还应付账款
D. 接受投资者投入的现金

4. 下列各项中，会使公司股东权益总额变动的有（　　　）。
A. 用资本公积转增资本
B. 股东大会向投资者宣告分派现金股利
C. 向投资者分派股票股利
D. 用盈余公积弥补亏损

5. 下列各项中，对会计核算基础理解正确的有（　　　）。
A. 收付实现制是指凡是当期已经实现的收入和已经发生或应当负担的费用，无论款项是否收付，都应当作为当期的收入和费用，记入利润表
B. 权责发生制的处理较收付实现制简单
C. 会计准则明确规定，企业在会计确认、计量和报告中采用权责发生制
D. 在我国行政单位会计和事业单位会计均采用收付实现制

二、多项选择题

1. 企业的基本特征有（　　　）。
A. 组织性
B. 经济性
C. 商品性
D. 营利性和独立性

2. 下列各项中，属于企业的资产范围的有（　　　）。
A. 经营租入固定资产
B. 经营租出固定资产
C. 融资租入固定资产
D. 委托加工商品

3. 下列各项中，属于企业核算基本前提的有（　　　）。
A. 历史成本
B. 会计主体
C. 持续经营
D. 会计分期

4. 下列组织中，可以作为一个会计主体进行会计核算的有（　　　）。
A. 企业生产车间
B. 分公司

C. 母公司及子公司组成的企业集团　　D. 子公司

5. 企业内部职能部门主要有（　　　）。

A. 设计部　　　　　　　　　　B. 基建部

C. 研发部　　　　　　　　　　D. 销售部

三、判断题

1. 会计要素中的费用应包括营业外支出。　　　　　　　　　　　（　　）

2. 会计主体和法律主体是统一的。因此，会计主体只能是独立的法人，不能是非法人。　　　　　　　　　　　　　　　　　　　　　　　　　　　　（　　）

3. 我国会计制度规定，所有单位都应以权责发生制作为基础进行核算。

（　　）

4. 会计计量属性主要包括历史成本、重置成本、可变现净值、现值、公允价值。　　　　　　　　　　　　　　　　　　　　　　　　　　　　　　（　　）

5. 谨慎性要求企业对交易或者事项进行会计确认、计量和报告时应当保持应有的谨慎，不应高估资产或者收益，低估负债或者费用。　　　　　　　　（　　）

6. 将融资租入的固定资产作为企业的资产体现了实质重于形式原则。（　　）

四、简答题

1. 简述企业常见的外部利益相关群体。

2. 简述商业零售企业资金流转的一般过程。

学习情境二　资金筹集

一、单项选择题

1. 短期借款利息核算不会涉及的账户是(　　)。
   A. 短期借款　　　　　　　　　B. 应付利息
   C. 财务费用　　　　　　　　　D. 银行存款

2. 长期借款利息费用属于筹建期间的,计入(　　)。
   A. 长期待摊费用　　　　　　　B. 财务费用
   C. 管理费用　　　　　　　　　D. 销售费用

3. 甲股份有限公司委托 A 证券公司发行普通股 1 000 万股,每股面值 1 元,每股发行价格为 4 元。根据约定,股票发行成功后,甲股份有限公司应按发行收入的 2% 向 A 证券公司支付发行费。如果不考虑其他因素,股票发行成功后,甲股份有限公司记入"资本公积"科目的金额为(　　)万元。
   A. 20　　　　　　　　　　　　B. 80
   C. 2 920　　　　　　　　　　 D. 3 000

二、多项选择题

1. 留存收益包括(　　)。
   A. 实收资本　　　　　　　　　B. 资本公积
   C. 盈余公积　　　　　　　　　D. 未分配利润

2. 企业吸收投资者出资时,下列会计科目的余额可能发生变化的有(　　)。
   A. 盈余公积　　　　　　　　　B. 资本公积
   C. 实收资本　　　　　　　　　D. 利润分配

3. 企业资金筹集的途径主要有(　　)。
   A. 发行债券　　　　　　　　　B. 发行股票
   C. 向银行借款　　　　　　　　D. 吸收投资

4. 关于库存股,下列说法正确的有(　　)。
   A. 它是指已经认购缴款,由发行公司通过购入、赠与或其他方式重新获得,可供再行出售或注销之用的股票
   B. 它有利于公司股票价格的稳定,但也增加了市场操纵的风险
   C. 回购价格明显高于股票面值的,即资本公积不足冲减的,再冲减盈余公积直至未分配利润
   D. 该账户为所有者权益类中递增股本金额的账户

5. 关于资本公积的描述,下列说法错误的有(　　)。

A. 由全体股东共同享有

B. 可转增资本，也可进行利润分配

C. 包括资本（股本）溢价和直接计入所有者权益的利得和损失

D. 其形成与净利润有关

三、判断题

1. 资本公积反映企业收到投资者出资额超出其在注册资本或股本中所占份额的部分及直接计入当期损益的利得或损失。　　　　　　　　　　（　　）

2. 企业发行债券时，当债券的票面利率高于市场利率时，应溢价发行。

（　　）

3. 库存股越多，则企业的所有权权益就越少。　　　　　　　（　　）

4. 企业购货的现金折扣应在实际发生时增加财务费用。　　　（　　）

5. 实收资本和注册资本是一个概念，两者没有区别。　　　　（　　）

四、简答题

1. 简述权益资金和负债资金的区别。

2. 简述实收资本的特征。

五、账务处理题

（一）

1. 目的：练习实收资本和资本公积的核算。

2. 资料：

2014 年，甲、乙、丙三个公司出资组建 A 有限责任公司，总股本为 1 000 万元，其中，甲公司投入一条合同约定价值为 230 万元的生产线和一栋合同约定价值为 250 万元的厂房，占股本的 40%，乙公司投入 300 万元货币资金，占股本的30%，丙公司投入一项合同约定价值为 350 万元的专利技术，占股本的 30%。

3. 要求：根据以上业务编制 A 公司接受投资时的会计分录。

（二）

1. 目的：练习短期借款的核算。

2. 资料：

G 企业 2014 年 9 月 1 日向银行申请借入人民币 50 000 元，用于购买原材料。借款年利率为 6%，期限为 3 个月，到期一次还本付息。

3. 要求：请编制该企业取得借款、分月计提利息和到期支付本息的会计分录。

（三）

1. 目的：练习应付债券和长期借款的核算。

2. 资料：

（1）A 企业 2012 年 1 月 1 日向银行申请借入人民币 20 000 000 元，用于建造厂房。借款年利率为 9%，期限为 3 年，到期一次还本付息。该厂房于 2012 年 3 月 1 日开始建造，于 2014 年 2 月 28 日完工并达到预定可使用状态。

（2）B 公司 2011 年 7 月 1 日对外发行债券 10 000 000 元，用于日常周转，该债券年利率为 9%，期限为 3 年，每半年付息一次（每年 1 月 5 日和 7 月 5 日分别支付一次），到期一次还本。

3. 要求：

（1）请编制 A 企业取得借款、按月计提利息和到期支付本息的会计分录。

（2）请编制 B 公司发行债券、按月计提利息、支付利息和到期还本的会计分录。

一、单项选择题

1. 对现金清查中出现的长款或短款进行账务处理时，入账的依据是（　　）。
   A. 银行对账单　　　　　　　　　　B. 库存现金日记账
   C. 银行日记账　　　　　　　　　　D. 现金盘点报告表

2. 下列各项，不通过"其他货币资金"科目核算的是（　　）。
   A. 信用证保证金存款　　　　　　　B. 存出投资款
   C. 备用金　　　　　　　　　　　　D. 银行本票存款

3. 企业发现现金短缺属于无法查明的其他原因，按照管理权限经批准处理时，应在以下（　　）科目核算。
   A. 其他应收款　　　　　　　　　　B. 营业外支出
   C. 管理费用　　　　　　　　　　　D. 财务费用

4. 采购人员预借差旅费，以现金支付，应借记（　　）科目核算。
   A. 银行存款　　　　　　　　　　　B. 管理费用
   C. 其他应收款　　　　　　　　　　D. 其他应付款

5. 应收账款的入账价值不包括（　　）。
   A. 现金折扣　　　　　　　　　　　B. 增值税（销项税）
   C. 代购货方垫付的运杂费　　　　　D. 商业折扣

6. 企业因债权人撤销而转销无法支付的应付账款时，应将所转销的应付账款计入（　　）。
   A. 资本公积　　　　　　　　　　　B. 其他应付款
   C. 营业外收入　　　　　　　　　　D. 其他业务收入

7. 企业应付的商业承兑汇票，如果到期不能足额付款，企业在会计处理上应将其转作（　　）。
   A. 应付账款　　　　　　　　　　　B. 其他应付款
   C. 预付账款　　　　　　　　　　　D. 短期借款

8. 某公司2013年11月1日开具了商业承兑汇票，该商业汇票的面值为50 000元，年利率6%，期限为6个月。2013年12月31日该公司"应付票据"的账面价值为（　　）元。
   A. 50 000　　　　　　　　　　　　B. 50 500
   C. 51 500　　　　　　　　　　　　D. 51 000

二、多项选择题

1. 企业采用备抵法核算坏账准备，估计坏账损失的方法有(　　)。

A. 应收账款余额百分比法　　　　B. 账龄分析法

C. 净价法　　　　　　　　　　　D. 总价法

2. 按现行制度规定，不能用"应收票据"以及"应付票据"核算的票据包括(　　)。

A. 支票　　　　　　　　　　　　B. 银行汇票

C. 银行承兑汇票　　　　　　　　D. 商业承兑汇票

3. 下列关于应付账款的说法正确的是(　　)。

A. 应付账款核算购买商品或接受劳务等应支付的款项

B. 应付账款应该按照供应单位设置明细科目

C. 应付账款的余额一般在贷方

D. 应付账款的借方余额表示尚未偿还的款项

4. 出纳预收现金货款时，应借记(　　)账户，贷记(　　)账户。

A. 库存现金　　　　　　　　　　B. 预收账款

C. 主营业务收入　　　　　　　　D. 营业外收入

5. 开户单位可以使用现金的范围包括(　　)。

A. 个人劳务报酬　　　　　　　　B. 职工工资、津贴

C. 出差人员必须随身携带的差旅费　　D. 向个人收购农副产品的价款

三、判断题

1. 对于银行已入账而企业尚未入账的未达账项，企业应当根据"银行存款余额调节表"入账。　　　　　　　　　　　　　　　　　　　　　　(　　)

2. 应收票据贴现是指票据持有人因急需资金，将未到期的商业汇票背书转让给银行，银行受理后，从票据到期值中扣除按银行的贴现率计算确定的贴现利息后，将余额付给贴现企业的业务活动。　　　　　　　　　　　　　　(　　)

3. 2014 年 5 月 2 日，A 企业销售商品一批，价款 200 万元，增值税 34 万元，收到期限为 6 个月的商业承兑汇票一张，年利率为 7%，则该票据到期时，A 企业收到的票款为 242.19 万元。　　　　　　　　　　　　　　　　　(　　)

4. 企业对于确实无法支付的应付账款，应冲减已计提的坏账准备。　(　　)

5. 应付商业承兑汇票到期，如企业无力支付票据，应将应付票据按票面金额转作短期借款。　　　　　　　　　　　　　　　　　　　　　　　(　　)

6. 一般存款账户可以提取现金。　　　　　　　　　　　　　　　(　　)

四、简答题

1. 简述库存现金日常收支管理的主要内容。企业使用库存现金支付的范围有哪些？

2. 简述企业生产经营资金的管理对象。

五、账务处理题

（一）

1. 目的：掌握银行存款余额调节表的编制。

2. 资料：

某企业2014年5月份银行存款日记账账面记录和银行对账单分别见表1-3-1、表1-3-2。

表1-3-1　　　　　　　　　　银行存款日记账　　　　　　　　　　单位：元

2014年		凭证		银行凭证		摘要	借方	贷方	余额
月	日	字	号	名称	号数				
5	1					期初余额			598 877.00
	3	收	67#	汇票	7088#	销售产品	105 000.00		703 877.00
	4	付	75#	转支	2015#	付材料款		17 880.00	685 997.00
	15	付	76#	转支	2016#	付招待费		88 000.00	597 997.00
	18	付	77#	现付	1017#	支取现金		5 000.00	592 997.00
	23	收	78#	转支	5001#	收回货款	100 000.00		692 997.00
	25	收	80#	转支	5011#	收到还款	20 000.00		712 997.00
	27	付	81#	转支	5016#	支付设备款		80 000.00	632 997.00
	28	收	97#	汇票	7128#	收回货款	151 000.00		783 997.00
						本月合计	376 000.00	190 880.00	783 997.00

财务会计实务同步训练

表 1-3-2　　　　　　　　　　　　　银行对账单

2014 年 5 月 31 日　　　　　　　　　币种：人民币　　　　　　　　　　　　单位：元

．网点号：××××［中国工商银行三和支行］

户名：　　　　　　　　　　账号：　　　　　　　　　　上页余额：598 877.00

2014 年		交易代码	凭证种类	凭证号	摘要	借方发生额	贷方发生额	余额	柜员号
月	日								
5	3		汇票	7088#	销售产品		105 000.00		
5	4		转支	2015#	付材料款	17 880.00			
5	18		现付	1017#	支取现金	5 000.00			
5	18		转支	2018#	付保险金	9 800.00			
5	20		委收	8017#	收货款		17 000.00		
5	27		转支	5016#	支付设备款	80 000.00			
5	28		汇票	7128#	收回货款		151 000.00		
							可用余额：759 197.00		

3. 要求：根据给出的资料编制银行存款余额调节表。

（二）

1. 目的：掌握生产经营资金收支业务核算。

2. 资料：

某企业 2013 年 5 月份发生下列经济业务：

（1）5 月 1 日银行承兑汇票 900 000 元到期，但由于资金周转原因，暂时无力偿还。

（2）5 月 17 日销售商品 400 000 元，增值税税额 68 000 元，收到面值为 468 000 元的带息商业承兑汇票一张，期限 90 天，出票日为 2013 年 5 月 17 日，票面年利率为 2%。5 月 31 日、6 月 30 日和 7 月 31 日计提利息（利息按日计算，一年按 360 日计算），假定票据到期承兑人无力兑付。

（3）5 月 29 日以银行存款支付前欠货款 7 000 元。

3. 要求：根据上述资料编制会计分录。

（三）

1. 目的：掌握坏账准备的核算。

2. 资料：

某企业采用应收账款余额百分比法计提坏账准备，计提比例为 0.3%。2013 年年末"坏账准备"账户的贷方余额 5 000 元。2014 年发生应收账款及坏账损失情况如下：

（1）3 月 23 日，收回已转销的坏账损失 3 000 元。

（2）6 月 20 日，因乙企业破产应收账款 50 000 元无法收回，确认为坏账损失。

（3）2014 年 12 月 31 日，企业应收账款余额为 1 000 000 元，计提（或冲销）坏账准备。

3. 要求：编制上述有关坏账准备的会计分录。

一、单项选择题

1. 企业对随同商品出售而不单独计价的包装物进行会计处理时，该包装物的实际成本应结转到（　　　）。

　　A. 制造费用　　　　　　　　　　　B. 销售费用

　　C. 管理费用　　　　　　　　　　　D. 其他业务成本

2. 某企业月初库存材料 60 件，每件 1 000 元，月中又购进两批，一批 200 件，每件 950 元，另一批 100 件，每件 1 046 元，则月末该材料的加权平均单价为（　　　）元。

　　A. 980　　　　　　　　　　　　　B. 985

　　C. 990　　　　　　　　　　　　　D. 1 182

3. 某企业存货的日常核算采用毛利率法计算发出存货成本。该企业 2014 年 10 月份实际毛利率为 30%，本年度 11 月 1 日的存货成本为 1 200 万元，11 月份购入存货成本为 2 800 万元，销售收入为 3 000 万元，销售退回为 300 万元。该企业 11 月末存货成本为（　　　）万元。

　　A. 1 300　　　　　　　　　　　　B. 1 900

　　C. 2 110　　　　　　　　　　　　D. 2 200

4. 某企业对一座建筑物进行改建。该建筑物的原价为 100 万元，已提折旧 60 万元。改建过程中发生支出 30 万元，取得变价收入 5 万元。该建筑物改建后的入账价值为（　　　）万元。

　　A. 65　　　　　　　　　　　　　　B. 70

　　C. 125　　　　　　　　　　　　　D. 130

5. 某项固定资产的原值为 200 000 元，预计净残值为 2 000 元，预计使用年限为 5 年，则在年数总和法下第二年的折旧额为（　　　）元。

　　A. 26 400　　　　　　　　　　　　B. 52 800

　　C. 40 000　　　　　　　　　　　　D. 39 600

6. 企业的下列固定资产，按规定不应计提折旧的是（　　　）。

　　A. 经营性租入的设备　　　　　　　B. 融资租入的设备

　　C. 经营性租出的设备　　　　　　　D. 未使用的设备

7. 固定资产改良过程中取得的变价收入应记入（　　　）账户。

　　A. 营业外支出　　　　　　　　　　B. 在建工程

　　C. 营业外收入　　　　　　　　　　D. 固定资产清理

8. 企业出售无形资产发生的净损失，应计入（　　　）。

A. 营业外支出   B. 其他业务成本

C. 主营业务成本   D. 管理费用

9. 关于无形资产的后续计量，下列说法中正确的是(　　)。

A. 使用寿命不确定的无形资产应按系统合理的方法摊销

B. 使用寿命不确定的无形资产，其应按 10 年摊销

C. 企业无形资产的摊销方法，应当反映与该项无形资产有关的经济利益的预期实现方式

D. 无形资产的摊销方法只有直线法

10. 下列项目中，不属于职工薪酬的是(　　)。

A. 职工工资   B. 职工福利费

C. 医疗保险费   D. 职工出差报销的火车票

二、多项选择题

1. 下列项目中，一般纳税人企业应计入存货成本的有(　　)。

A. 购入存货支付的关税

B. 商品流通企业采购过程中发生的保险费

C. 委托加工材料发生的增值税

D. 自制存货生产过程中发生的直接费用

2. 期末存货计价过高，可能会引起(　　)。

A. 当期收益增加   B. 当期收益减少

C. 所有者权益增加   D. 当期销售成本增加

3. 下列各项中，应记入"其他业务成本"的有(　　)。

A. 出借包装物成本的摊销

B. 出租包装物成本的摊销

C. 随同商品出售单独计价的包装物的成本

D. 随同商品出售不单独计价的包装物的成本

4. "材料成本差异"账户贷方可以用来登记(　　)。

A. 入库材料实际成本小于计划成本的差额

B. 发出材料应负担的超支差异

C. 发出材料应负担的节约差异

D. 入库材料实际成本大于计划成本的差额

5. 下列各项中，应通过"固定资产清理"科目核算的有(　　)。

A. 盘亏的固定资产   B. 出售的固定资产

C. 报废的固定资产   D. 毁损的固定资产

6. 下列各项中，可能计入固定资产成本的有(　　)。

A. 固定资产进行日常修理发生的人工费用

B. 固定资产安装过程中领用原材料所负担的增值税

C. 固定资产达到预定可使用状态后发生的专门借款利息

D. 固定资产达到预定可使用状态前发生的物资盘亏净损失

7. 关于无形资产的确认，应同时满足的条件有（ ）。

A. 符合无形资产的定义

B. 与该资产有关的经济利益很可能流入企业

C. 该无形资产的成本能够可靠计量

D. 必须是企业外购的

8. 下列各项中，应确认为应付职工薪酬的有（ ）。

A. 非货币性福利

B. 社会保险费和辞退福利

C. 职工工资、福利费、工会经费和职工教育经费

D. 住房公积金

9. 下列资产减值准备中，在符合相关条件时可以转回的有（ ）。

A. 坏账准备　　　　　　　　　B. 存货跌价准备

C. 无形资产减值准备　　　　　D. 固定资产减值准备

10. 小规模纳税企业委托其他单位加工材料收回后用于连续生产的，其发生的下列支出中，应计入委托加工物资成本的有（ ）。

A. 加工费　　　　　　　　　　B. 增值税

C. 发出材料的实际成本　　　　D. 受托方代收代交的消费税

三、判断题

1. 企业购货时所取得的现金折扣应冲减所购存货的成本。　　　　　　（　　）

2. 企业发出各种材料应负担的成本差异可按当月成本差异率计算，若发出的材料在发出时就要确定其实际成本，则也可按上月成本差异率计算。　　　（　　）

3. 按双倍余额递减法计提的折旧额在任何时期都大于按平均年限法计提的折旧。　　　　　　　　　　　　　　　　　　　　　　　　　　　　　（　　）

4. 已达到预定可使用状态的固定资产，无论是否交付使用，尚未办理竣工决算的，应当按照估计价值确认为固定资产，并计提折旧；待办理了竣工决算手续后，再按实际成本调整原来的暂估价值，并需要调整原已计提的折旧额。（　　）

5. 企业将发生的固定资产后续支出计入固定资产成本的，应当终止确认被替换部分的账面价值。　　　　　　　　　　　　　　　　　　　　　　　（　　）

6. 企业计提固定资产折旧时，对于当月增加的固定资产当月提折旧，当月减少的固定资产当月不提折旧。　　　　　　　　　　　　　　　　　　　（　　）

7. 无形资产的摊销应当计入其他业务成本。　　　　　　　　　　　（　　）

8. 企业出售的无形资产，应当按照有关收入确认原则确认所取得的收入；同

时，确认出售无形资产的相关费用，并同时结转无形资产的摊余价值。 （　　）

9. 企业生产工人的医疗保险费、养老保险费、失业保险费、工伤保险费和生育保险费等社会保险费应计入当期管理费用。 （　　）

10. 固定资产的各组成部分具有不同使用寿命、适用不同折旧率的，应当分别将各组成部分确认为单项固定资产。 （　　）

四、简答题

1. 列举存货发出的计价的常用方法。

2. 固定资产按经济用途和使用情况如何分类？

3. 应付职工薪酬包括哪些内容？

4. 列举无形资产包括的内容。

五、账务处理题

（一）

1. 目的：练习原材料按计划成本的核算。

2. 资料：

某企业为一般纳税人，材料按计划成本核算。

4月末，"原材料"科目余额为14 460元（其中，甲材料3 000千克，计划单价4.50元；乙材料20千克，计划单价48元）。"材料成本差异"科目借方余额为380元。

企业5月份材料发生如下经济业务：

（1）2日，以银行存款支付华营工厂发来的甲材料1 000千克的货款4 000元，增值税税额680元。材料已验收入库。

（2）4日，通过银行支付从长江工厂购入的乙材料500千克的货款25 230元，增值税税额4 289.10元。材料尚未运到企业。

（3）15日，从卫星工厂购入乙材料800千克，货款40 000元，增值税税额6 800元，开出转账支票一张付讫。材料已验收入库。

（4）17日，上月从光明公司购入乙材料500千克，实际成本24 611元，于本日到达并验收入库。

（5）20 日，收到胜利工厂托收承付结算凭证，承付该厂发来的甲材料 2 000 千克的货款 8 000 元，运费 500 元，增值税专用发票注明增值税税额为 1 360 元，材料尚未到达。

（6）23 日，从胜利工厂购入的甲材料到达企业，验收时，发现短少 300 千克，经查，10 千克为定额内损耗，90 千克应由运输部门承担责任，200 千克为供货方少发货，已向运输部门和供货方提出索赔。

（7）26 日，基本生产车间生产产品领用甲材料 3 000 千克、乙材料 500 千克，一般消耗乙材料 50 千克，厂部领用乙材料 30 千克，辅助生产车间领用乙材料 100 千克。

（8）28 日，基本生产车间生产产品领用甲材料 4 000 千克，乙材料 500 千克。

（9）29 日，以银行存款 5 000 元预付胜利工厂材料款。

（10）31 日，新生工厂发来的甲材料 800 千克，本月 28 日已入库，月末仍未收到有关凭证，款项未付，按计划单价 4.50 元估价入账。

3. 要求：根据以上经济业务，为企业编制相关会计分录。

（二）

1. 目的：练习存货清查的核算。

2. 资料：

某企业 12 月份财产清查中发现下列情况：

（1）盘亏甲材料 1 000 千克，单位计划成本为 50 元（材料成本差异率为 -1%，增值税税率为 17%）。

（2）盘盈丙材料 200 千克，单位计划成本 50 元（材料成本差异率为 1%）。

（3）产成品仓库发现毁损 A 产品 300 件，每件实际成本 100 元，应结转耗用的材料增值税税额 5 100 元。

（4）对上述清查结果，经有关部门批准后，处理如下：甲材料盘亏中 300 千克属仓库管理人员失职造成，应由其赔偿损失，另外 700 千克属管理制度不健全造成，作管理费用处理；丙材料盘盈是由于计量不准造成，作冲减管理费用处理；A 产品毁损属于意外事故造成，保险公司同意赔偿 30 000 元，净损失按规定予以冲销。

3. 要求：根据以上经济业务，为企业编制相关会计分录。

（三）

1. 目的：练习自行建造固定资产的核算。

2. 资料：

天山企业为增值税一般纳税人，增值税税率为 17%，准备自行建造厂房，发生下列业务：

（1）用银行存款购买工程物资 60 000 元；

（2）该项工程开工并领用全部工程物资；

（3）工程应负担的职工薪酬为 4 000 元；

（4）工程领用生产用原材料 2 000 元；

（5）用银行存款支付有关工程的各项其他费用 5 500 元；

（6）工程竣工，清理盘点多余工程物资 500 元，移交仓库供生产使用；

（7）工程竣工验收交付使用。

3. 要求：根据以上经济业务，为企业编制相关会计分录。

（四）

1. 目的：练习固定资产折旧的计算。

2. 资料：

某企业购入一台机器设备，原价 85 000 元，可使用 5 年，预计净残值率为 5%。

3. 要求：

（1）采用双倍余额递减法计算该设备的年折旧额。

（2）采用年限总和法计算该设备的年折旧额。

（五）

1. 目的：练习固定资产处置的会计处理。

2. 资料：

卫华企业发生如下固定资产处置业务（不考虑相关税费）：

（1）出售一台不需用的机床，销售价款 4 000 元，该设备原价 9 600 元，已提折旧 5 000 元。

（2）企业年末盘亏设备一台，原值 2 万元，已提折旧 15 000 元，经上级批准予以转销。

（3）企业因火灾烧毁厂房一幢，该厂房原值 180 万元，已提折旧 60 万元；经保险公司核定应赔偿损失 100 万元，以现金支付清理费用 1 000 元，残料估价 18 000元，已验收入库。

（4）企业经上级批准报废一台设备，原值 4 万元，已提折旧 3.6 万元，支付清理费用 600 元，废料出售款 4 800 元，清理工作已经结束。

3. 要求：根据以上业务，为企业编制会计分录。

（六）

1. 目的：练习无形资产的核算。

2. 资料：

丰伟企业购入一项专利，支付价款 50 000 元，有效使用年限为 5 年。企业购买该项专利 2 年后将其以 35 000 元的价格转让给其他企业，收到的款项存入银行。

3. 要求：根据以上资料编制购入、摊销与转让的会计分录。

（七）

1. 目的：练习应付职工薪酬的核算。

2. 资料：

甲上市公司为增值税一般纳税人，适用增值税税率为17%，2015年1月份发生与职工薪酬有关的交易事项如下：

（1）对行政管理部门使用的设备进行日常维修，应付企业内部维修人员工资12 000元。

（2）对车间生产用的设备进行改良，应付改良人员工资30 000元。

（3）为公司总部下属25位部门经理每人配备汽车一辆免费使用，假定每辆汽车每月计提的折旧为800元。

（4）将50台自产的V型厨房清洁器作为福利分配给本公司行政管理人员。该清洁器每台生产成本为1 200元，市场售价为1 500元（不含增值税）。

（5）月末，分配职工工资1 500 000元。其中生产工人工资1 050 000元，车间管理人员工资150 000元，企业行政管理人员工资200 000元，专设销售机构人员工资100 000元。

（6）以银行存款缴纳职工医疗保险费50 000元。

（7）按规定计算代扣代缴职工个人所得税18 000元。

（8）以现金支付职工李某生活困难补助1 000元。

（9）从应付张经理的工资中，扣回上月代垫的应由其本人负担的医疗费2 000元。

3. 要求：编制甲上市公司2015年1月份上述交易事项的会计分录（"应交税费"科目要求写出明细科目）。

一、单项选择题

1. 正确计算产品成本，应该做好的基础工作是（　　）。

A. 正确划分各种费用界限　　　　　　B. 确定成本计算对象

C. 建立和健全原始记录工作　　　　　D. 各种费用的分配

2. 下列成本计算方法中，不属于成本计算基本方法的是（　　）。

A. 品种法　　　　　　　　　　　　　B. 分类法

C. 分步法　　　　　　　　　　　　　D. 分批法

3. 根据"工资费用分配表"分配工资费用时，会计分录中不可能出现的借方科目是（　　）。

A. 生产成本　　　　　　　　　　　　B. 制造费用

C. 管理费用　　　　　　　　　　　　D. 财务费用

4. 下列各项中，不属于成本项目的有（　　）。

A. 直接材料　　　　　　　　　　　　B. 折旧费

C. 制造费用　　　　　　　　　　　　D. 直接人工

5. 某企业只生产一种产品，2014 年 12 月期初在产品成本 3.5 万元。12 月份发生如下费用：生产领用材料 6 万元，生产工人工资 2 万元，制造费用 1 万元，管理费用 1.5 万元，广告费 0.8 万元。月末在产品成本 3 万元。该企业 12 月份完工产品的生产成本为（　　）万元。

A. 9.5　　　　　　　　　　　　　　　B. 8.3

C. 9　　　　　　　　　　　　　　　　D. 11.8

二、多项选择题

1. 降低产品成本的途径包括（　　）。

A. 控制业务招待费　　　　　　　　　B. 控制工资费用

C. 降低材料的采购成本　　　　　　　D. 减少废品损失

2. 对于几种产品共同耗用的原材料，常用的分配方法有（　　）。

A. 定额消耗量比例分配法　　　　　　B. 定额工时法

C. 生产工人工资比例法　　　　　　　D. 材料定额费用比例分配法

3. 采用约当产量法计算月末在产品成本，在产品的约当产量应按（　　）来计算。

A. 完工入库程度　　　　　　　　　　B. 产品等级程度

C. 投料程度　　　　　　　　　　　　D. 完工程度

4. 下列各项费用中，不应计入产品生产成本的有( )。

A. 销售费用　　　　　　　　　B. 管理费用

C. 财务费用　　　　　　　　　D. 制造费用

5. 发生下列费用时，可以直接借记"基本生产成本"的是( )。

A. 车间照明用电费　　　　　　B. 构成产品实体的原材料费用

C. 车间管理人员工资　　　　　D. 车间生产人员工资

三、判断题

1. 任何一个会计主体只要发生经济行为，就会发生耗费，在会计上就要核算其成本。　　　　　　　　　　　　　　　　　　　　　　　　　( )

2. 基本生产车间发生其他费用，与产品生产没有直接关系，不应计入产品成本。　　　　　　　　　　　　　　　　　　　　　　　　　　　　( )

3. 假设企业只生产一种产品，那么直接生产成本和间接生产成本都可以直接计入该种产品成本。　　　　　　　　　　　　　　　　　　　　　　( )

4. 应计入产品成本，但不能分清应由何种产品负担的费用，应记入"生产成本"科目。　　　　　　　　　　　　　　　　　　　　　　　　　　( )

5. 成本一般以生产过程中取得的各种原始凭证为计算依据。　　　　( )

四、简答题

1. 简述产品成本核算的一般程序。

2. 简述企业成本会计机构的设置方式。

五、账务处理题

(一)

1. 目的：练习生产要素费用的分配。

2. 资料：

南国服装厂用某布料生产男式衬衫和女式衬衫。5 月份实际用布料 936 米，单价为 80 元/米，共计 74 880 元。其中，生产男式衬衫 200 件，单位消耗定额为 2.6 米；生产女式衬衫 100 件，单位消耗定额为 2 米。

3. 要求：请用定额消耗量比例分配法计算男式衬衫和女式衬衫耗用的材料费

用，并编制会计分录。

（二）

1. 目的：练习制造费用的分配。

2. 资料：

假设某基本生产车间甲产品的生产工时为 2 500 小时，乙产品的生产工时为 7 500小时，本月发生的制造费用为 8 950 元。

3. 要求：按生产工人工时比例法在甲、乙产品之间分配制造费用，并编制会计分录。

（三）

1. 目的：练习生产费用在完工产品和月末在产品之间的分配。

2. 资料：

某企业生产甲产品，原材料在生产开始时一次投入，月末在产品完工程度估计为 50%，甲产品本月完工 200 件，月末在产品 40 件，月初在产品费用为：直接材料 3 512 元，直接人工 1 152 元，制造费用 550 元。本月发生的生产费用为：直接材料 75 688 元，直接人工 21 948 元，制造费用 33 770 元。

3. 要求：按约当产量法计算甲产品完工产品的成本和月末在产品的成本。

一、单项选择题

1. 下列各项中，符合收入会计要素定义，可以确认为收入的是(　　)。

A. 出售无形资产收取的价款　　　　B. 出售固定资产收取的价款

C. 销售商品收到的价款　　　　　　D. 出售长期股权投资收取的价款

2. 企业对于已经发出但尚未确认销售收入的商品成本，应借记的会计科目是(　　)。

A. 在途物资　　　　　　　　　　　B. 库存商品

C. 主营业务成本　　　　　　　　　D. 发出商品

3. 某企业以 350 万元的价格转让一项无形资产，适用的营业税税率为 5%。该无形资产原购入价 450 万元，合同规定的受益年限为 10 年，法律规定的有效使用年限为 12 年，转让时已使用 4 年。不考虑减值准备及其他相关税费。企业在转让该无形资产时确认的净收益为(　　)万元。

A. 32. 5　　　　　　　　　　　　　B. 50

C. 62. 5　　　　　　　　　　　　　D. 80

4. 某企业收到用于补偿已发生费用的政府补助，应在取得时计入(　　)。

A. 递延收益　　　　　　　　　　　B. 营业外收入

C. 资本公积　　　　　　　　　　　D. 其他业务收入

5. 某企业某月销售商品发生商业折扣 20 万元，现金折扣 15 万元，销售折让 25 万元。该企业上述业务计入当月财务费用的金额为(　　)万元。

A. 15　　　　　　　　　　　　　　B. 20

C. 35　　　　　　　　　　　　　　D. 45

二、多项选择题

1. 企业下列取得的价款中，符合收入会计要素定义的是(　　)。

A. 出租固定资产收取的租金　　　　B. 出售固定资产收取的价款

C. 出售原材料收取的价款　　　　　D. 出售自制半成品收取的价款

2. 关于销售商品收入的确认，下列说法中正确的有(　　)。

A. 企业已将商品所有权上的主要风险和报酬转移给购货方，构成确认销售商品收入的重要条件

B. 判断企业是否已将商品所有权上的主要风险和报酬转移给购货方，应当关注交易的实质而不是形式

C. 采用托收承付方式销售商品的，通常应在发出商品且办妥托收手续时确认

收入

D. 交付实物后，商品所有权上的主要风险和报酬一定随之转移，应确认收入

3. 下列各项中，可用于确定所提供劳务完工进度的方法有（　　）。

A. 根据测量的已完工作量加以确定

B. 按已经发生的成本占估计总成本的比例计算确定

C. 按已经收到的金额占合同总金额的比例计算确定

D. 按已经提供的劳务量占应提供的劳务总量的比例计算确定

4. 关于让渡资产使用权产生收入的确认与计量，下列说法中不正确的有（　　）。

A. 让渡资产使用权收入同时满足"相关的经济利益很可能流入企业"和"收入的金额能够可靠地计量"时才能予以确认

B. 让渡资产使用权收入同时满足"相关的经济利益很可能流入企业"和"发生的成本能够可靠地计量"时才能予以确认

C. 使用费收入金额，按照实际收费时间计算确定

D. 利息收入金额，按照他人使用本企业货币资金的时间和实际利率计算确定

5. 下列哪些项目属于其他业务成本科目核算的内容（　　）。

A. 随同产品出售单独计价的包装物的成本

B. 出租无形资产支付的服务费

C. 销售材料结转的材料成本

D. 出售无形资产结转的无形资产账面价值

6. 提供劳务交易的结果能够可靠估计，应同时满足的条件包括（　　）。

A. 收入的金额能够可靠地计量

B. 相关的经济利益很可能流入企业

C. 交易中已发生的成本能够可靠地计量

D. 交易中将发生的成本能够可靠地计量

三、判断题

1. 在采用预收货款方式销售产品的情况下，应当在收到货款时确认收入的实现。　　　　　（　　）

2. 不符合商品销售收入确认条件但已发出商品的成本，应当将商品成本在利润表中反映。　　　　　（　　）

3. 商业折扣是在销售商品收入金额确定的情况下，债权人鼓励债务人在规定的期限内付款而向债务人提供的债务扣除。　　　　　（　　）

4. 如果劳务的开始和完成分属不同的会计年度，就必须按完工百分比法确认收入。　　　　　（　　）

5. 委托代销商品在收取手续费代销的方式下，受托方将商品销售后，按实际

售价确认为销售收入，并向委托方开具代销清单。　　　　　　（　　）

6. 如果商品售出后，企业仍可以对售出商品实施有效控制，说明此项销售商品不成立，不应该确认销售商品收入。　　　　　　　　　　　　（　　）

四、简答题

1. 简述销售商品收入确认的条件。

2. 简述现金折扣、商业折扣、销售折让和销售退回的含义。

五、账务处理题

（一）

1. 目的：练习不同收入方式下的收入确认时点和金额的认定。

2. 资料：

A 股份有限公司（以下简称 A 公司）为境内上市公司，属于增值税一般纳税企业，适用的增值税税率为 17%。A 公司 2014 年度发生的有关事项及其会计处理如下：

（1）2014 年 7 月 1 日，A 公司因融资需要，将其生产的一批商品销售给 B 公司，销售价格为 400 万元（不含增值税），商品销售成本为 300 万元，商品已经发出，货款尚未收到。按照双方协议，A 公司将该批商品销售给 B 公司后一年内以 420 万元的价格购回所售商品。2014 年 12 月 31 日，A 公司尚未回购该批商品。2014 年 7 月 1 日，A 公司就该批商品销售确认了销售收入，并结转了相应的成本。

（2）2014 年 12 月 1 日，A 公司向 C 公司销售商品一批，销售价格为 200 万元，成本为 120 万元，商品已经发出，该批商品对方已预付货款。C 公司当天收到商品后，发现商品质量未达到合同规定的要求，立即根据合同的有关价格减让和退货的条款与 A 公司协商，要求 A 公司在价格上给予一定的减让，否则予以退货。至年底，双方尚未就此达成一致意见，A 公司也未采取任何补救措施。A 公司 2014 年确认了收入并结转了已售商品的成本。

（3）2014 年 12 月 1 日，A 公司与 D 公司签订销售合同。合同规定，A 公司向 D 公司销售生产线一条，总价款为 250 万元；A 公司负责该生产线的安装调试工作，且安装调试工作是销售合同的重要组成部分。12 月 5 日，A 公司向 D 公司发出生产线；12 月 8 日，D 公司收到生产线并向 A 公司支付 250 万元货款；12 月 20

日，A 公司向 D 公司派出生产线安装工程技术人员，进行生产线的安装调试；至 12 月 31 日，该生产线尚未安装完工。A 公司 2014 年确认了销售收入。

（4）2014 年 12 月 15 日，A 公司采用托收承付方式向 F 公司销售一批商品，成本为 200 万元，开出的增值税专用发票上注明：售价 300 万元，增值税 51 万元。该批商品已经发出，并已向银行办妥托收手续。此时得知 F 公司在另一项交易中发生巨额损失，资金周转十分困难，已经拖欠其他公司的货款。

A 公司的会计处理如下：

借：发出商品   2 000 000

  贷：库存商品   2 000 000

借：应收账款——F 公司   510 000

  贷：应交税费——应交增值税（销项税额）   510 000

3. 要求：分析判断 A 公司上述有关收入的确认是否正确，并说明理由。

（二）

1. 目的：练习商品销售收入核算。

2. 资料：

远华公司系工业企业，为增值税一般纳税人，适用的增值税税率为 17%，适用的所得税税率为 25%。销售单价除标明外，均为不含增值税价格。远华公司发生以下业务（除特别标明外均为主营业务）：

（1）远华公司 2014 年 6 月份销售给乙企业一批 H 产品 2 000 件，每件销售 250 元，产品的销售价格为 50 万元，增值税税率 17%，产品已经发出，并收到了乙企业开出、承兑 3 个月到期的商业承兑汇票。该批产品的实际成本为 30 万元。

（2）远华公司委托乙企业销售 K 商品 300 件，该批商品每件成本价为 60 元，按协议价每件 100 元的价格出售给顾客，远华公司按售价的 10% 支付乙企业手续费。乙企业实际销售时，即向买方开出一张增值税专用发票，发票上注明 K 商品售价 30 000 元。远华公司在收到乙企业交来的代销清单时，向乙企业开具一张相同金额的增值税发票，假定不考虑其他相关税费。

（3）远华公司在 2014 年 6 月 1 日销售一批 P 商品 200 件，单位售价 150 元，增值税专用发票上注明的售价为 30 000 元，增值税税额为 5 100 元。企业为了及早收回货款而在合同中规定符合现金折扣的条件为：2/10、1/20、n/30（假定计算现金折扣时不考虑增值税），分别作出远华公司 6 月 9 日、6 月 19 日和 7 月 9 日收到货款的分录。

（4）远华公司销售一批商品，增值税专用发票上注明的销售价格为 50 000 元，增值税为 8 500 元，货款尚未收取。货到后购货方发现商品质量不合格，要求在价格上给予 10% 的折让。假定已获得税务部门开具的红字增值税专用发票。几天后，收到货款存入银行。

（5）远华公司 2014 年 12 月 6 日销售 Q 产品 300 件，单位售价 20 元，单位销售成本 14 元，货款尚未收取。该商品因质量问题于 2014 年 12 月 25 日退回。该企业为增值税一般纳税人，销售退回应退回的增值税已取得有关证明。

3. 要求：根据以上经济业务，编制相关会计分录。

（三）

1. 目的：练习提供劳务收入的核算。

2. 资料：

某企业于 2014 年 11 月 1 日接受一项设备安装任务，安装期 3 个月，合同总收入 600 000 元，至年底已预收款项 440 000 元，实际发生成本 280 000 元，均用银行存款支付，估计还将发生 120 000 元的成本。

3. 要求：

（1）按实际发生的成本占估计总成本的比例计算劳务的安装进度。

（2）编制实际发生成本、预收账款、确认收入和结转成本的会计分录。

（四）

1. 目的：练习政府补助的核算。

2. 资料：

某公司有关资料如下：

（1）2009 年 11 月 28 日，收到财政拨付的政府补助款 315 万元用以购买 K 大型设备。

（2）2009 年 12 月 12 日，以银行存款 307.2 万元购入 K 大型设备（假定不考虑增值税因素），该设备无需安装，于当月投入使用，并按 8 年采用直线法计提折旧，预计残值 9.6 万元。

（3）2009 年 12 月 27 日，经批准将结余的政府补助留用。

（4）自 2010 年 1 月起，企业按 8 年于各月末分配递延收益。

（5）2014 年 12 月 23 日，企业将 K 大型设备转让出售，转让时发生相关税费 28 万元，用银行存款支付，并收获款项 160 万元存入银行。

（6）2014 年 12 月 31 日，企业分配当月的递延收益后，将剩余未分配的递延收益转销。

3. 要求：根据以上经济业务，编制相关会计分录。

一、单项选择题

1. 企业建造办公大楼领用生产用原材料时，相关的增值税应借记(　　)科目。
   A. 管理费用　　　　　　　　　　B. 生产成本
   C. 在建工程　　　　　　　　　　D. 其他业务成本

2. 某企业为增值税一般纳税人，2014 年实际已交纳税金情况如下：增值税 850 万元，消费税 150 万元，城建税 70 万元，车船税 0.5 万元，印花税 1.5 万元，所得税 120 万元。上述各项税金应记入"应交税费"科目借方的金额是(　　)万元。
   A. 1 190　　　　　　　　　　　　B. 1 190.5
   C. 1 191.5　　　　　　　　　　　D. 1 192

3. 企业自销的应税矿产品应交的资源税，应计入(　　)。
   A. 制造费用　　　　　　　　　　B. 生产成本
   C. 主营业务成本　　　　　　　　D. 税金及附加

4. 企业发生的下列税金，可能计入固定资产价值的是(　　)。
   A. 房产税　　　　　　　　　　　B. 车船税
   C. 城镇土地使用税　　　　　　　D. 增值税

5. 下列各项税金中，不影响企业损益的有(　　)。
   A. 消费税　　　　　　　　　　　B. 印花税
   C. 增值税（销项税额）　　　　　D. 所得税

6. 一般纳税人企业在月度终了，对本月应交未交增值税的会计处理方法是(　　)。
   A. 保留在"应交增值税"明细科目的贷方
   B. 保留在"应交增值税"明细科目的借方
   C. 将其转入"未交增值税"明细科目的借方
   D. 将其转入"未交增值税"明细科目的贷方

7. 一般纳税人企业收购免税农产品一批，实际支付价款 30 000 元，规定的扣除率为 13%，另支付运费 1 000 元（可按 11% 计算进项税额），则应记入"应交税费——应交增值税（进项税额）"账户的金额为(　　)元。
   A. 3 170　　　　　　　　　　　　B. 4 010
   C. 4 030　　　　　　　　　　　　D. 4 100

8. 教育费附加的计税基础是(　　)。
   A. 营业收入　　　　　　　　　　B. 工资总额

C. 应交流转税   D. 应交所得税

9. 某小规模纳税人企业本期购入原材料并验收入库，取得增值税专用发票记载原材料价格 22 500 元，增值税税额 3 825 元，该企业当期产品销售价（含增值税，征收率3%）78 750 元，则该企业当期应该交纳的增值税为（　　）元。

A. 0   B. 4 038.47

C. 4 725   D. 2 293.69

10. 某企业 2014 年度的利润总额为 900 万元，其中包括本年收到的国库券利息收入 10 万元；全年计税工资为 300 万元，实发工资为 410 万元，企业所得税税率为 25%，该企业 2014 年所得税费用为（　　）万元。

A. 267.3   B. 297

C. 250   D. 333.3

二、多项选择题

1. 企业交纳的下列税费中，应通过"应交税费"科目核算的有（　　）。

A. 财产保险费   B. 车船税

C. 教育费附加   D. 矿产资源补偿费

2. 下列增值税，应计入有关成本的有（　　）。

A. 以产成品对外投资应交的增值税

B. 在建工程使用本企业生产的产品应交的增值税

C. 小规模纳税企业购入商品已交的增值税

D. 购入固定资产已交的增值税

3. 下列税金中，工业企业应记入"营业税金及附加"科目的有（　　）。

A. 应交纳的城市维护建设税

B. 销售应税消费品应交纳的消费税

C. 应交纳的教育费附加

D. 销售不动产应交纳的增值税

4. 下列各项中，能作为当期增值税进项税额的有（　　）。

A. 从销售方取得的增值税专用发票上注明的增值税税额

B. 从海关取得的完税凭证上注明的增值税税额

C. 企业外购货物时取得的运输发票上的运费的11%

D. 购进免税农产品准予抵扣的进项税

5. 下列说法不正确的是（　　）。

A. 由受托方代扣代交的委托加工直接用于对外销售的商品负担的消费税记入"应交税费——应交消费税"科目的借方

B. 企业以自产的商品用于在建工程，应交纳的消费税，借记"营业税金及附加"科目，贷记"应交税费——应交消费税"科目

    C. 将自产产品用于对外投资，应交纳的消费税，应借记"营业外支出"科目，贷记"应交税费——应交消费税"科目

    D. 企业只有在对外销售应税消费品时，才交纳消费税

  6. 下列与一般纳税人企业增值税有关的业务中，应作为增值税进项税额转出的有（   ）。

    A. 购入货物发生非正常损失

    B. 购入货物用于（厂房）工程项目

    C. 购入货物用于免税项目

    D. 购入货物用于产品生产

  7. 下列行为中，应视同销售确认销项税额的有（   ）。

    A. 购入货物发生正常损失   B. 将自产货物用于不动产工程

    C. 将外购货物用于对外投资   D. 销售代销货物

  8. 按照规定，应缴纳营业税的收入项目有（   ）。

    A. 销售商品收入   B. 销售不动产的收入

    C. 提供劳务收入   D. 出售无形资产的收入

  9. 下列各项中，影响利润表"所得税费用"项目金额的有（   ）。

    A. 当期应交所得税   B. 递延所得税收益

    C. 递延所得税费用   D. 代扣代缴的个人所得税

  10. 企业缴纳的各种税金中，按照税法规定，可以在净利润前扣除的有（   ）。

    A. 车船税   B. 房产税

    C. 增值税   D. 消费税

三、判断题

  1. 某企业为小规模纳税人，销售产品一批，含税价格 41 200 元，增值税征收率为 3%，该批产品应交增值税 1 200 元。   （   ）

  2. 企业应交的各种税金，应通过"应交税费"账户核算。   （   ）

  3. 企业缴纳的税收罚款应调增应纳税所得额。   （   ）

  4. 本期所得税费用一定等于本期应交所得税。   （   ）

  5. 企业支付的消费税不一定都记入"税金及附加"账户。   （   ）

四、简答题

  1. 简述增值税小规模纳税人的特点。

2. 简述会计利润与应纳税所得额之间的关系。

五、账务处理题

（一）

1. 目的：练习应交增值税的核算。

2. 资料：

甲公司为增值税一般纳税人，适用增值税税率为 17%，原材料采用实际成本法进行日常核算。2014 年 6 月份，该企业发生如下涉及增值税的经济业务或事项：

（1）购入无需安装的生产经营用设备一台，增值税专用发票上注明的价款为 40 万元，增值税税额为 6.8 万元（增值税允许抵扣）。货款尚未支付。

（2）职工医务室领用生产用库存原材料 5 万元，应由该批原材料负担的增值税税额为 0.85 万元。

（3）销售商品一批，增值税专用发票上注明的价款为 100 万元，增值税税额为 17 万元，提货单和增值税专用发票已交购货方，并收到购货方开出并承兑的商业承兑汇票。该批商品的实际成本为 80 万元。

（4）由于管理不善被盗原材料一批，价值 2 万元，应由该批原材料负担的增值税税额为 0.34 万元，尚未经批准处理。

（5）用银行存款 15 万元缴纳当期应交增值税。

3. 要求：编制上述经济业务的会计分录（"应交税费"科目要求写出明细科目及专栏名称，答案中的金额单位用"元"表示）。

（二）

1. 目的：练习其他应交税费的核算。

2. 资料：

华丰企业为增值税一般纳税人，本月发生下列经济业务：

（1）在建工程领用自产柴油成本为 20 000 元，按市场价格计算的应纳增值税 4 250 元，应纳消费税 3 000 元。

（2）本月应交增值税 380 000 元，消费税 120 000 元，计提本月应交的城市维护建设税（适用税率为 7%）。

（3）计提应交房产税 28 000 元。

（4）代扣本月职工薪酬中应由个人交纳的个人所得税 6 000 元。

3. 要求：根据上述经济业务编制有关会计分录。

（三）

1. 目的：练习所得税的核算。

2. 资料：

甲公司 2014 年度实现利润总额 1 600 万元，该公司所得税税率为 25%。本年度存在以下纳税调整事项：

（1）接受工商局违法经营罚款 20 万元；

（2）业务招待费支出 30 万元，税法规定的扣除标准为 20 万元；

（3）国债利息收入 90 万元；

（4）非公益性捐赠支出 200 万元；

（5）超过计税工资标准支付工资 110 万元（不考虑应付福利费、工会经费和职工教育经费的纳税影响）。

3. 要求：

（1）计算应纳税所得额及应纳所得税额，并编制确认所得税费用和将其转入"本年利润"的会计分录；

（2）计算净利润数额，并编制结平"本年利润"账户的会计分录。

一、单项选择题

1. 下列各项中，构成交易性金融资产成本的是（   ）。

A. 购买股票的价款中包含的已宣告发放但尚未领取的现金股利

B. 购买股票支付的价款

C. 购买股票支付的手续费

D. 购买债券支付的手续费

2. A 公司于 2014 年 4 月 5 日从证券市场上购入 B 公司发行在外的股票 200 万股，作为交易性金融资产，每股支付价款 4 元（含已宣告但尚未发放的现金股利 0.5 元），另支付相关费用 3 万元，A 公司交易性金融资产取得时的入账价值为（   ）万元。

A. 800   B. 700

C. 803   D. 703

3. A 公司于 2014 年 11 月 5 日从证券市场购入 B 公司发行在外的股票 200 万股作为交易性金融资产，每股支付价款 5 元，另支付相关费用 20 万元。2014 年 12 月 31 日，这部分股票的公允价值为 1 050 万元，2014 年 12 月 31 日应确认的公允价值变动损益为（   ）万元。

A. 损失 50   B. 收益 50

C. 收益 30   D. 损失 30

4. 甲公司于 2014 年 1 月 1 日以 1 100 万元的价格购入同期发行的面值为 1 000 万元的公司债券，另支付相关税费 20 万元。该公司债券票面利率为 7%，期限 3 年，一次还本付息。企业将其划分为持有至到期投资，则该持有至到期投资的初始入账价值为（   ）万元。

A. 1 000   B. 1 100

C. 1 120   D. 1 080

5. 在采用成本法核算长期股权投资的情况下，被投资企业发生亏损时，投资企业应当（   ）。

A. 借记"投资收益"   B. 借记"资本公积"

C. 贷记"长期股权投资"   D. 不作处理

6. A 公司于 2015 年 1 月 1 日从证券市场上购入 B 公司发行在外股份的 25%，实际支付价款 500 万元，另支付相关税费 5 万元。同日，B 公司可辨认净资产的公允价值为 2 200 万元。A 公司 2015 年 1 月 1 日取得的长期股权投资的初始投资成本为（   ）万元。

A. 550   B. 505

C. 500   D. 555

7. 某企业 2014 年 1 月 1 日购入 B 公司 10% 的有表决权股份，实际支付价款 300 万元。4 月 1 日 B 公司宣告派发 2013 年现金股利 100 万元，当年 B 公司经营获利 100 万元。2014 年末企业的股票投资账面余额为（   ）万元。

A. 290   B. 300

C. 310   D. 320

8. 下列项目中，不属于投资性房地产的是（   ）。

A. 已出租的建筑物

B. 持有并准备增值后转让的房屋建筑物

C. 已出租的土地使用权

D. 持有并准备增值后转让的土地使用权

9. 某企业投资性房地产采用成本模式计量。2014 年 2 月 1 日购入一幢建筑物用于出租。该建筑物的成本为 540 万元，预计使用年限为 20 年，预计净残值为 60 万元，采用直线法计提折旧。2014 年应计提的折旧额是（   ）万元。

A. 10   B. 12

C. 24   D. 22

二、多项选择题

1. "交易性金融资产"科目借方登记的内容有（   ）。

A. 交易性金融资产取得的成本

B. 资产负债表日，其公允价值高于账面余额的差额

C. 取得交易性金融资产所发生的相关交易费用

D. 资产负债表日，其公允价值低于账面余额的差额

2. 下列关于金融资产初始计量的表述中，正确的有（   ）。

A. 交易性金融资产应当按照取得时的公允价值作为初始确认金额，相关的交易费用在发生时计入当期损益

B. 持有至到期投资应当按取得时的公允价值和相关交易费用之和作为初始确认金额

C. 可供出售金融资产应当按取得该金融资产的公允价值和相关交易费用之和作为初始确认金额

D. 可供出售金融资产应当按照取得时的公允价值作为初始确认金额，相关的交易费用在发生时计入当期损益

3. 下列各项中，会引起交易性金融资产账面余额发生变化的有（   ）。

A. 收到原已计入应收项目的交易性金融资产的利息

B. 期末交易性金融资产公允价值高于其账面余额的差额

C. 期末交易性金融资产公允价值低于其账面余额的差额

D. 出售交易性金融资产

4. 采用权益法核算时，下列各项中，不会引起长期股权投资账面价值发生变动的有（　　）。

A. 收到被投资单位分派的股票股利　　B. 被投资单位实现净利润

C. 被投资单位的资本公积转增资本　　D. 计提长期股权投资减值准备

5. 下列情况下，投资方应采用权益法核算长期股权投资的是（　　）。

A. 控制　　　　　　　　　　　B. 重大影响

C. 无重大影响　　　　　　　　D. 共同控制

6. 下列属于投资性房地产的有（　　）。

A. 已出租的土地使用权

B. 已出租的建筑物

C. 持有并准备增值后转让的土地使用权

D. 房地产公司作为库存商品准备销售的房产

三、判断题

1. 收到购买交易性金融资产时支付的价款中包含的已到付息期尚未领取的利息，应计入当期损益。（　　）

2. 企业为取得持有至到期投资发生的交易费用应计入当期损益，不应计入其初始投资成本。（　　）

3. 持有至到期投资在有些情况下可重分类为可供出售金融资产。（　　）

4. 长期股权投资减值准备一经提取，在以后会计期间可以转回。（　　）

5. 对被投资单位有重大影响，且在活跃市场中有报价，公允价值能可靠计量的投资应采用成本法核算。（　　）

6. 在采用权益法核算的情况下，投资企业应于被投资单位宣告分配利润时，按持有表决权资本比例计算应分得的利润，确认投资收益，并调整长期股权投资的账面价值。（　　）

7. 企业投资性房地产的后续计量只能采用成本计量模式。（　　）

四、简答题

1. 简述交易性金融资产期末是如何计量的。

2. 简述长期股权投资的成本法和权益法的适用范围。

五、账务处理题

（一）

1. 目的：练习交易性金融资产的核算。

2. 资料：

某有限责任公司 2014 年发生如下有关业务：

（1）3 月 3 日，购买 A 公司股票 100 000 元，另支付手续费 200 元，印花税 150 元，全部款项均从相关账户中支付，已办妥有关手续。

（2）4 月 6 日，购买 B 公司股票 600 000 元，其中包括已宣告而未发放的现金股利 10 000 元，另支付手续费 1 200 元，印花税 900 元。全部款项均从相关账户中支付，已办妥有关手续。

（3）4 月 20 日，收到 B 公司发放的现金股利 10 000 元，存入银行。

（4）4 月 29 日，A 公司宣告发放现金股利 1 000 元。

（5）6 月 30 日，A 公司股票市价下跌到 95 000 元。

（6）11 月 1 日购入 C 公司债券 50 000 元，其中包括已到付息期但尚未领取的债券利息 1 250 元，另支付手续费、印花税 300 元。该债券年利率 5%，每半年付息一次。

3. 要求：根据上述资料编制有关会计分录。

（二）

1. 目的：练习持有至到期投资的核算。

2. 资料：

2010 年 1 月 1 日，甲公司自证券市场购入面值总额为 2 000 万元的债券。购入时实际支付价款为 2 090 万元，另外支付交易费用 10 万元。该债券发行日为 2010 年 1 月 1 日，系分期付息、到期还本债券，期限为 5 年，票面年利率为 5%，年实际利率为 3.8%，每年 12 月 31 日支付当年利息。甲公司将该债券作为持有至到期投资核算。

3. 要求：编制甲公司的相关会计分录（计算结果保留两位小数，分录金额单位用万元表示）。

（三）

1. 目的：练习长期股权投资的核算。

2. 资料：

甲公司 2013 年发生如下有关业务：

（1）2013 年 1 月 7 日，购入乙公司有表决权的股票 100 万股，占乙公司股份的 25%，从而对乙公司的财务和经营政策有重大影响。该股票每股买入价为 8 元，其中每股包含已宣告分派但尚未领取的现金股利 0.20 元；另外，甲公司在购买股票时还支付了相关税费 1 万元，款项均由银行存款支付，乙公司 2013 年初可辨认净资产的公允价值为 3 000 万元。

（2）2013 年 2 月 15 日，收到乙公司宣告分派的现金股利 20 万元。

（3）2013 年度，乙公司实现净利润 200 万元。

（4）2014 年 1 月 6 日，乙公司宣告分派 2013 年度的现金股利，每股分派现金股利 0.10 元。

（5）2014 年 2 月 15 日，甲公司收到乙公司分派的 2013 年现金股利。

（6）2014 年度，乙公司发生亏损 20 万元。

（7）2015 年 1 月 7 日，甲公司出售所持有的乙公司的股票 10 万股，每股销售价格 10 元（假定不考虑相关税费，甲公司出售股票后，仍能对乙公司财务与经营政策产生重大影响）。

3. 要求：假定不考虑减值因素，根据上述业务，编制甲公司相关会计分录（"长期股权投资"科目要求写出明细科目专栏，分录金额用万元表示）。

（四）

1. 目的：练习投资性房地产的核算。

2. 资料：

甲股份有限公司（以下简称甲公司）为房地产开发企业，有关业务资料如下：

（1）甲公司开发的 A 办公楼于 2012 年 1 月 10 日达到预定可使用状态，全部工程造价为 4 960 万元，甲公司已经与乙公司签订租赁合同。该办公楼预计使用 25 年，采用直线法计提折旧，预计净残值 160 万元。

（2）2012 年 1 月 31 日起，甲公司将 A 办公楼整体出租给乙公司，租期为 3 年，租金按季预收，每季度 180 万元。当日，甲公司已收到乙公司支付的首期 A 办公楼租金并存入银行。

（3）2015 年 1 月 31 日，甲公司按与乙公司达成的协议，将 A 办公楼出售给乙公司，实际收款 5 200 万元存入银行，不考虑相关税费因素。

3. 要求：根据上述资料编制有关会计分录（该投资性房地产采用成本计量模式核算，分录金额单位用万元表示）。

一、单项选择题

1. 企业支付的税收滞纳金应计入（　　）。
A. 财务费用
B. 营业外支出
C. 其他业务成本
D. 销售费用

2. 某企业第一年亏损，如第二年实现税前利润，则应先（　　）。
A. 弥补第一年亏损
B. 提取盈余公积
C. 向投资者分派股利
D. 缴纳所得税

3. 某企业税前利润总额为 1 000 万元，其中有罚款支出 20 万元，所得税税率 25%，则该企业当年实现的净利润为（　　）万元。
A. 750
B. 765
C. 745
D. 755

4. 某国有工业企业，2014 年 8 月份因雷击造成火灾，共计损失 150 万元，其中：流动资产损失 90 万元，固定资产损失 60 万元。企业收到保险公司的赔偿款 100 万元，其中：流动资产保险赔偿款 70 万元，固定资产保险赔偿款 30 万元。企业由于这次火灾损失而应计入营业外支出的金额为（　　）万元。
A. 150
B. 90
C. 60
D. 50

5. 下列项目中，通过营业外收入核算的是（　　）。
A. 确实无法支付的应付账款
B. 销售商品收入
C. 提供劳务收入
D. 让渡资产使用权收入

6. 甲企业于 2016 年 7 月 1 日以 500 万元的价格购入一项摊销期限为 5 年的专利权，无残值。2017 年 7 月 1 日，甲企业将其转让，取得转让含税收入 742 万元，交纳增值税 42 万元，则转让该项专利权应计入营业外收入的金额为（　　）万元。
A. 100
B. 200
C. 300
D. 400

二、多项选择题

1. 下列各项需通过"营业外支出"账户核算的有（　　）。
A. 核销的坏账损失
B. 捐赠支出
C. 支付的税款滞纳金
D. 原材料超定额损耗

2. 下列可能转入"本年利润"账户借方的账户有（　　）。
A. 资产减值损失
B. 公允价值变动损益

C. 投资收益   D. 所得税费用

3. 下列各项中，能够增加企业当期营业外收入的有(　　)。

A. 处置固定资产净收益   B. 处置无形资产净收益

C. 政府补助形成的递延收益摊销额   D. 盘盈的固定资产

4. 下列各项支出在发生时应直接确认为当期费用的有(　　)。

A. 固定资产安装工人工资支出   B. 广告费支出

C. 专设销售机构职工工资支出   D. 管理人员工资支出

5. 企业发生的下列费用中，应计入管理费用的有(　　)。

A. 审计费   B. 土地增值税

C. 印花税   D. 业务招待费

6. 下列各项税金中，可能在"税金及附加"账户核算的有(　　)。

A. 所得税   B. 增值税

C. 消费税   D. 资源税

7. 企业利润分配的去向有(　　)。

A. 弥补以前年度亏损   B. 交纳所得税

C. 提取盈余公积   D. 向投资者分配利润

8. 企业取得的下列各项收入，应计入投资收益的有(　　)。

A. 公司债券投资的利息收入   B. 银行存款的利息收入

C. 转让股票的净收益   D. 国库券的利息收入

9. 下列各项收入中，可增加企业营业利润的有(　　)。

A. 销售自制半成品的收入   B. 销售固定资产的收入

C. 补贴收入   D. 银行存款的利息收入

10. 下列有关成本费用的表述中，正确的是(　　)。

A. 费用最终会减少所有者权益

B. 费用应当按照配比原则确认

C. 费用最终会导致企业经济利益的流出

D. 作为制造费用处理，期末分配计入产品制造成本

三、判断题

1. 费用是相对于一定期间而言的，是一定期间为进行生产而发生的费用；成本则是相对于一定的产品而言的，是为一定产品的生产而发生的费用。　　(　　)

2. 企业为组织生产经营活动而发生的一切管理活动的费用，包括车间管理费用和公司管理费用，都应作为期间费用处理。　　(　　)

3. 商品流通企业在进货、销货过程中发生的运输费、装卸费、包装费、运输途中的合理损耗、入库前的挑选整理费用等，均可作为销售费用入账。　　(　　)

4. "表结法"和"账结法"均应于每月份终了将"损益类"账户转入"本年

利润"账户。   （   ）

5. 年度终了，"利润分配"各明细账户均无余额。   （   ）

6. 企业未提取盈余公积前，不得向投资者分配利润。   （   ）

7. 年度终了，只有在企业盈利的情况下，才能将"本年利润"账户的本年累计余额转"利润分配——未分配利润"账户。   （   ）

8. 企业按规定用盈余公积弥补以前年度亏损时，应按弥补数额，借记"盈余公积"账户，贷记"利润分配——盈余公积补亏"账户。   （   ）

四、简答题

1. 简述企业利润分配的过程与分配顺序。

2. 简述"利润分配"账户的设置及结构。

五、账务处理题

（一）

1. 目的：练习企业净利润形成的核算。

2. 资料：

北方公司 2017 年年终结账前有关损益类账户的年末余额如表 1-9-1 所示：

表 1-9-1 损益类账户的年末余额 单位：元

收入账户	期末余额	费用账户	期末余额
主营业务收入	950 000	主营业务成本	650 000
其他业务收入	200 000	其他业务成本	150 000
投资收益	15 000	税金及附加	36 000
营业外收入	40 000	销售费用	40 000
		管理费用	120 000
		财务费用	25 000
		营业外支出	70 000

该公司 12 月 31 日现金清查中发现库存现金较账面余额多出 1 500 元，无法查明原因，经批准作营业外收入处理；该公司所得税税率为 25%。本年度存在以下

纳税调整事项：

（1）公司营业外支出中有 1 000 元为非公益性捐赠；

（2）经查公司该年超过工资合理支出数额为 3 500 元；

（3）本年国债利息收入 4 000 元已入账。

3．要求：

（1）编制库存现金清查的会计分录。

（2）将损益类账户结转"本年利润"账户（该公司平时采用表结法计算利润）。

（3）计算公司当年应交所得税，并编制有关会计分录。

（4）计算当年公司净利润，并转入"利润分配——未分配利润"账户。

（二）

1．目的：练习企业利润分配的核算。

2．资料：

A 公司 2014 年初"利润分配——未分配利润"账户有借方余额 296 000 元。当年 A 公司实现税前利润 1 000 000 元，经查，本年度确认的收支中，有购买国债的利息收入 80 000 元，支付罚金 14 000 元。

去年年底投入使用的一项设备，原价 20 万元，本年度利润表中列支年折旧费 45 000 元，按税法规定应列支的年折旧额为 57 000 元，形成了应纳税暂时性差异 12 000 元。

公司所得税税率为 25%，采用资产负债表债务法核算，"递延所得税资产"与"递延所得税负债"账户的年初余额均为 0。假设该公司当年无其他纳税调整事项。

该企业按净利润的 10%、6% 的比例分别提取法定盈余公积和任意盈余公积，将当年净利润的 10% 向投资者分派现金股利。

3．要求：

（1）计算 A 公司 2014 年当期的应交所得税以及所得税费用，并编制计提所得税费用的会计分录。

（2）计算 A 公司 2014 年可供分配利润、提取的法定盈余公积金、任意盈余公积金、向投资者分配的利润及年末的未分配利润。

（3）根据上述计算结果，编制本年末提取盈余公积、向投资者分配的利润以及结转利润分配账户的会计分录（"利润分配"账户应列示明细账户）。

一、单项选择题

1. 下列能够引起现金流量净额变动的项目是(　　)。

A. 将现金存入银行　　　　　　　B. 用银行存款购买 1 个月到期的债券

C. 用固定资产抵偿债务　　　　　D. 用银行存款清偿 30 万元债务

2. 资产负债表的下列项目中，只需要根据一个总分类账账户就能填列的项目是(　　)。

A. 货币资金　　　　　　　　　　B. 短期借款

C. 应付账款　　　　　　　　　　D. 预付款项

3. 乙企业"原材料"账户借方余额 300 万元，"生产成本"账户借方余额 200 万元，"材料采购"账户借方余额 50 万元，"材料成本差异"账户贷方余额 30 万元，该企业期末"存货"项目在资产负债表中应填列的金额为(　　)万元。

A. 670　　　　　　　　　　　　B. 520

C. 570　　　　　　　　　　　　D. 540

4. 下列各项中，不属于筹资活动产生的现金流量的是(　　)。

A. 支付现金股利　　　　　　　　B. 取得短期借款

C. 增发股票收到现金　　　　　　D. 购买固定资产支付现金

5. 下列各项中，属于工业企业现金流量表"经营活动产生的现金流量"的是(　　)。

A. 收到现金股利　　　　　　　　B. 支付银行借款利息

C. 收到设备处置价款　　　　　　D. 支付经营租赁租金

6. 某企业 2013 年度发生以下业务：以银行存款购买将于 2 个月后到期的国债 500 万元，偿还应付账款 200 万元，支付生产人员工资 150 万元，购买固定资产 300 万元。假定不考虑其他因素，该企业 2014 年度现金流量表中"购买商品、接受劳务支付的现金"项目的金额为(　　)万元。

A. 200　　　　　　　　　　　　B. 350

C. 650　　　　　　　　　　　　D. 1 150

二、多项选择题

1. 下列各项中，影响营业利润的项目有(　　)。

A. 已销商品成本　　　　　　　　B. 原材料销售收入

C. 出售固定资产净收益　　　　　D. 转让股票所得收益

2. 资产负债表中"存货"项目金额，应根据(　　)账户的余额分析填列。

    A. 工程物资   B. 周转材料

    C. 生产成本   D. 发出商品

3. 下列项目中，涉及的税金在工业企业里应记入"税金及附加"账户的有(   )。

    A. 销售商品应交纳的增值税   B. 销售应税消费品应交纳的消费税

    C. 对外提供运输劳务应交纳的增值税   D. 销售不动产应交纳的营业税

4. 填列资产负债表时，需要抵减有关减值准备账户余额填列的项目有(   )。

    A. 存货   B. 固定资产

    C. 应收账款   D. 长期股权投资

5. 下列交易或事项中，会引起现金流量表"投资活动产生的现金流量净额"发生变化的有(   )。

    A. 购买股票支付的现金   B. 向投资者派发的现金股利

    C. 购建固定资产支付的现金   D. 收到被投资单位分派的现金股利

6. 下列资产负债表项目中，需根据有关明细账户余额分析填列的有(   )。

    A. 应收账款   B. 预收款项

    C. 应付账款   D. 预付款项

7. 下列资产负债表项目中，属于流动负债的有(   )。

    A. 预收款项   B. 应交税费

    C. 预付款项   D. 一年内到期的长期借款

三、判断题

1. 利润表是反映某一特定日期经营成果的财务报表，是动态报表。   (   )

2. 发生的营业外支出，在相应的会计期间，会减少企业的营业利润。 (   )

3. "长期借款"项目，根据"长期借款"总账账户的余额填列。   (   )

4. "固定资产"项目，根据"固定资产"总账账户的余额填列。   (   )

5. 所有者权益变动表是反映构成所有者权益各组成部分当期增减变动情况的财务报表。   (   )

6. 财务报表附注是对在资产负债表、利润表、现金流量表和所有者权益变动表等报表中列示项目的文字描述或明细资料，以及对未能在这些报表中列示项目的说明等。   (   )

四、简答题

1. 什么是财务报告？一套完整的财务报告至少包括哪些内容？

2. 我国的利润表采用何种格式？共分为几个步骤？

五、账务处理题

（一）目的：练习企业日常业务的核算和财务报表编制。

（二）相关资料：

1. 宏远公司为增值税一般纳税人，适用的增值税税率为17%，所得税税率为25%。原材料采用计划成本进行核算。该公司2013年12月31日资产负债表见表1-10-1。

表 1-10-1

资产负债表

会企01表

编制单位：宏远公司　　　　　　　　　　2013 年 12 月 31 日　　　　　　　　　　单位：元

资产	期末余额	负债和所有者权益（或股东权益）	期末余额
流动资产：		流动负债：	
货币资金	14 063 000	短期借款	3 000 000
交易性金融资产	150 000	交易性金融负债	
应收票据	2 460 000	应付票据	2 000 000
应收账款	3 991 000	应付账款	9 548 000
预付款项	1 000 000	预收款项	
应收利息		应付职工薪酬	1 100 000
应收股利		应交税费	366 000
其他应收款	3 050 000	应付利息	
存货	25 800 000	应付股利	
一年内到期的非流动资产		其他应付款	500 000
其他流动资产		一年内到期的非流动负债	
流动资产合计	50 514 000	其他流动负债	10 000 000
非流动资产：		流动负债合计	26 514 000
可供出售金融资产		非流动负债：	
持有至到期投资		长期借款	6 000 000
长期应收款		应付债券	
长期股权投资	2 500 000	长期应付款	
投资性房地产		专项应付款	

续表

资产	期末余额	负债和所有者权益（或股东权益）	期末余额
固定资产	8 000 000	预计负债	
在建工程	15 000 000	递延所得税负债	
工程物资		其他非流动负债	
固定资产清理		非流动负债合计	6 000 000
生产性生物资产		负债合计	32 514 000
油气资产		所有者权益（或股东权益）：	
无形资产	6 000 000	实收资本（或股本）	50 000 000
开发支出		资本公积	
商誉		减：库存股	
长期待摊费用		专项储备	
递延所得税资产		盈余公积	1 000 000
其他非流动资产	2 000 000	未分配利润	500 000
非流动资产合计	33 500 000	所有者权益（或股东权益）合计	51 500 000
资产总计	84 014 000	负债和所有者权益（或股东权益）总计	84 014 000

其中，"应收账款"账户的期末余额为 4 010 000 元，"坏账准备"账户的期末余额为 19 000 元。存货、长期股权投资、固定资产、无形资产等资产都没有计提资产减值准备。产品销售成本月末一次性结转。

2. 2014 年公司发生经济业务如下：

（1）收到银行通知，用银行存款支付到期的商业承兑汇票 1 000 000 元。

（2）购入原材料一批，收到的增值税专用发票上注明原材料价款为 1 500 000 元，增值税税额为 255 000 元。款项已通过银行转账支付，材料尚未验收入库。

（3）收到原材料一批，实际成本 1 000 000 元，计划成本 950 000 元，材料已验收入库，货款已于上月支付。

（4）用银行汇票支付采购材料价款，公司收到开户银行转来银行汇票多余款收账通知，通知上填写的多余款为 2 340 元，购入材料及运费 998 000 元，支付的增值税税额 169 660 元，原材料已验收入库，购入该批原材料的计划成本为 1 000 000 元。

（5）销售产品一批，开出的增值税专用发票上注明的销售价款为 3 000 000 元，增值税销项税额为 510 000 元，货款尚未收到。该批产品实际成本为 1 800 000 元，产品已发出。

（6）公司将交易性金融资产（股票投资）兑现 165 000 元，该投资的成本为

130 000 元，公允价值变动为增值 20 000 元，处置收益为 15 000 元，均存入银行。

（7）购入不需要安装的设备一台，收到的增值税专用发票上注明的设备价款为 854 700 元，增值税税额为 145 300 元，支付包装费、运费 10 000 元，价款及包装费、运费均以银行存款支付。设备已交付使用。

（8）购入工程物资一批用于建造厂房，收到的增值税专用发票上注明的物资价款和增值税进项税额合计为 1 500 000 元，款项已通过银行转账支付。

（9）工程应付薪酬 2 280 000 元。

（10）企业自制一台设备完工，验收合格后交付生产使用，固定资产价值为 14 000 000元。

（11）基本生产车间一台机床报废，原价 2 000 000 元，已提折旧 1 800 000 元，清理费用 5 000 元，残值收入 8 000 元，均通过银行存款收支。该项固定资产已清理完毕。

（12）从银行借入三年期借款 10 000 000 元，借款已存入银行账户。

（13）销售产品一批，开出的增值税专用发票上注明的销售价款为 7 000 000 元，增值税销项税额为 1 190 000 元，款项已收到并存入银行。销售产品的实际成本为 4 200 000 元。

（14）公司将要到期的一张面值为 2 000 000 元的无息银行承兑汇票（不含增值税），连同解讫通知和进账单交银行办理转账。收到银行盖章退回的进账单一联。款项银行已收妥。

（15）公司出售一台不需用设备，收到价款 3 000 000 元，该设备原价 4 000 000元，已提折旧 1 500 000 元。该项设备已由购入单位运走，不考虑相关税费。

（16）取得交易性金融资产（股票投资），价款 1 030 000 元，交易费用 20 000 元，已用银行存款支付。

（17）支付工资 5 000 000 元，其中包括支付在建工程人员的工资 2 000 000 元。

（18）分配应支付的职工工资 3 000 000 元（不包括在建工程应负担的工资），其中生产人员薪酬 2 750 000 元，车间管理人员薪酬 100 000 元，行政管理部门人员薪酬 150 000 元。

（19）提取职工福利费 420 000 元（不包括在建工程应负担的福利费 280 000元），其中生产工人福利费 385 000 元，车间管理人员福利费 14 000 元，行政管理部门福利费 21 000 元。

（20）基本生产车间领用原材料，计划成本为 7 000 000 元，领用低值易耗品，计划成本 500 000 元，采用一次摊销法摊销。

（21）结转领用原材料应分摊的材料成本差异。材料成本差异率为 5%。

（22）计提无形资产摊销 600 000 元，以银行存款支付基本生产车间水电费 900 000元。

（23）计提固定资产折旧 1 000 000 元，其中计入制造费用 800 000 元，管理费用 200 000 元。计提固定资产减值准备 300 000 元。

（24）收到应收账款 510 000 元，存入银行。计提应收账款坏账准备 9 000 元。

（25）用银行存款支付产品展览费 100 000 元。

（26）计算并结转本期完工产品成本 12 824 000 元。期末没有在产品，本期生产的产品全部完工入库。

（27）广告费 100 000 元，已用银行存款支付。

（28）公司采用商业承兑汇票结算方式销售产品一批，开出的增值税专用发票上注明的销售价款为 2 500 000 元，增值税销项税额为 425 000 元，收到 2 925 000 元的商业承兑汇票一张。产品实际成本为 1 500 000 元。

（29）公司将上述承兑汇票到银行办理贴现，贴现利息为 200 000 元。

（30）本期产品销售应缴纳的教育费附加为 20 000 元。

（31）用银行存款交纳增值税 1 000 000 元、教育费附加 20 000 元。

（32）本期在建工程应负担的长期借款利息费用 2 000 000 元，长期借款为分期付息。

（33）提取应计入本期损益的长期借款利息费用 100 000 元，长期借款为分期付息。

（34）归还短期借款本金 2 500 000 元。

（35）支付长期借款利息 2 100 000 元。

（36）偿还长期借款 6 000 000 元。

（37）上年度销售产品一批，开出的增值税专用发票上注明的销售价款为 100 000 元，增值税销项税额为 17 000 元，购货方开出商业承兑汇票。本期由于购货方发生财务困难，无法按合同规定偿还债务，经双方协议，宏远公司同意购货方用产品抵偿应收票据。用于抵债的产品市价为 80 000 元，增值税税率为 17%。

（38）持有的交易性金融资产的公允价值为 1 050 000 元。

（39）结转本期产品销售成本 7 500 000 元。

（40）除计提固定资产减值准备 300 000 元造成固定资产账面价值与其计税基础存在差异外，不考虑其他项目的所得税影响。企业按照税法规定计算确定的应交所得税为 948 650 元，递延所得税资产为 75 000 元。

（41）将各收支账户结转本年净利润。

（42）按照净利润的 10% 提取法定盈余公积金。

（43）将利润分配各明细账户的余额转入"未分配利润"明细账户，结转本年利润。

（44）用银行存款交纳当年应交所得税。

（三）要求：

1. 编制宏远公司 2014 年度经济业务的会计分录。

2. 编制公司资产负债表。

3. 编制公司利润表。

4. 编制公司现金流量表。

相关报表如表 1-10-2、1-10-3、1-10-4 所示：

表 1-10-2   **资产负债表**

编制单位：宏远公司   2014 年 12 月 31 日   单位：元

资　　产	年初余额	期末余额	负债和所有者权益（或股东权益）	年初余额	期末余额
流动资产：			流动负债：		
货币资金			短期借款		
交易性金融资产			交易性金融负债		
应收票据			应付票据		
应收账款			应付账款		
预付款项			预收款项		
应收利息			应付职工薪酬		
应收股利			应交税费		
其他应收款			应付利息		
存货			应付股利		
一年内到期的非流动资产			其他应付款		
其他流动资产			一年内到期的非流动负债		
流动资产合计			其他流动负债		
非流动资产：			流动负债合计		
可供出售金融资产			非流动负债：		
持有至到期投资			长期借款		
长期应收款			应付债券		
长期股权投资			长期应付款		
投资性房地产			专项应付款		
固定资产			预计负债		
在建工程			递延所得税负债		
工程物资			其他非流动负债		
固定资产清理			非流动负债合计		
生产性生物资产			负债合计		
油气资产			所有者权益（或股东权益）：		
无形资产			实收资本（或股本）		
开发支出			资本公积		
商誉			减：库存股		
长期待摊费用			专项储备		
递延所得税资产			盈余公积		
其他非流动资产			未分配利润		
非流动资产合计			所有者权益（或股东权益）合计		
资产总计			负债和所有者权益（或股东权益）总计		

表 1-10-3   **利润表**

编制单位：宏远公司   2014 年度   单位：元

项　目	本期金额
一、营业收入	
减：营业成本	
税金及附加	
销售费用	
管理费用	
财务费用（收益以"－"号填列）	
资产减值损失	
加：公允价值变动收益（损失以"－"号填列）	
投资收益（损失以"－"号填列）	
其中：联营企业和合营企业的投资收益	
二、营业利润（亏损以"－"号填列）	
加：营业外收入	
减：营业外支出	
其中：非流动资产处置损失	
三、利润总额（亏损总额以"－"号填列）	
减：所得税费用	
四、净利润（净亏损以"－"号填列）	
五、其他综合收益	
（一）以后会计期间不能重分类进损益的其他综合收益	
（二）以后会计期间在满足规定条件时将重分类进损益的其他综合收益	
六、其他综合收益税后净额	
（一）以后会计期间不能重分类进损益的其他综合收益税后净额	
（二）以后会计期间在满足规定条件时将重分类进损益的其他综合收益税后净额	
七、综合收益总额	
八、每股收益	
（一）基本每股收益	
（二）稀释每股收益	

财务会计实务同步训练

表 1-10-4　　　　　　　　　　　**现金流量表**

编制单位：宏远公司　　　　　　　　2014 年度　　　　　　　　　　单位：元

项　目	本期金额
一、经营活动产生的现金流量	
销售商品、提供劳务收到的现金	
收到的税费返还	
收到的其他与经营活动有关的现金	
现金流入小计	
购买商品、接受劳务支付的现金	
支付给职工以及为职工支付的现金	
支付的各项税费	
支付的其他与经营活动有关的现金	
现金流出小计	
经营活动产生的现金流量净额	
二、投资活动产生的现金流量	
收回投资所收到的现金	
处置子公司及其他营业单位所收到的现金	
取得投资收益所收到的现金	
处置固定资产、无形资产和其他长期资产所收回的现金净额	
收到的其他与投资活动有关的现金	
现金流入小计	
购建固定资产、无形资产和其他长期资产所支付的现金	
投资所支付的现金	
取得子公司及其他营业单位支付的现金净额	
支付的其他与投资活动有关的现金	
现金流出小计	
投资活动产生的现金流量净额	
三、筹资活动产生的现金流量	
吸收投资所收到的现金	
借款所收到的现金	
发行债券收到的现金	
收到的其他与筹资活动有关的现金	
现金流入小计	
偿还债务所支付的现金	
分配股利、利润或偿还利息所支付的现金	
支付的其他与筹资活动有关的现金	
现金流出小计	
筹资活动产生的现金流量净额	
四、汇率变动对现金的影响	
五、现金及现金等价物净增加额	
加：期初现金及现金等价物余额	
六、期末现金及现金等价物余额	

一、单项选择题

1. 下列各项中，计入所有者权益的是（　　）。
   A. 对外购买股票
   B. 接受投资者货币资金的投资
   C. 对外出售债券
   D. 将设备对外投资

2. 以下各种处理方法中，体现实质重于形式的会计信息质量特征的有（　　）。
   A. 对固定资产采用双倍余额递减法计提折旧
   B. 存货期末采用成本与可变现净值孰低计价
   C. 将融资租入的固定资产视为自有资产核算
   D. 对固定资产计提减值准备

3. 下列各项可交存现金但不能支取现金的账户是（　　）。
   A. 基本存款账户
   B. 临时存款账户
   C. 一般存款账户
   D. 专用存款账户

4. 交易性金融资产初始购入时支付的手续费，应当记入（　　）科目。
   A. 财务费用
   B. 投资收益
   C. 公允价值变动损益
   D. 资本公积

5. 应由生产产品、提供劳务负担的职工薪酬，应当（　　）。
   A. 计入管理费用
   B. 计入销售费用
   C. 确认为当期费用
   D. 计入存货成本或劳务成本

6. 企业交纳的下列税款，不需要通过"应交税费"科目核算的是（　　）。
   A. 消费税
   B. 资源税
   C. 土地增值税
   D. 印花税

7. 企业 2014 年 6 月 25 日一生产线投入使用，该生产线成本 740 万元，预计使用 5 年，预计净残值 20 万元，在采用年数总和法计提折旧的情况下，2014 年该设备应计提的折旧为（　　）万元。
   A. 240
   B. 140
   C. 120
   D. 148

8. 某企业年初未分配利润贷方余额为 200 万元，本年实现净利润 1 000 万元，按净利润的 10% 提取法定盈余公积，提取任意盈余公积 50 万元，该企业年末未分配利润为（　　）万元。
   A. 1 200
   B. 1 100
   C. 1 050
   D. 1 000

9. 某上市公司 2014 年实现税前会计利润 1 000 万元，其中包括国债利息收入

50 万元；在营业外支出中有税收滞纳金罚款 70 万元；所得税税率 25% 。则企业 2014 年的所得税费用为（　　　）万元。

A. 250

B. 237.5

C. 245

D. 255

10. 某企业期末"工程物资"科目的余额为 100 万元，"发出商品"科目的余额为 80 万元，"原材料"科目的余额为 100 万元，"材料成本差异"科目的贷方余额为 10 万元。假定不考虑其他因素，该企业资产负债表中"存货"项目的金额为（　　　）万元。

A. 170

B. 180

C. 270

D. 280

二、多项选择题

1. 按照现行会计准则的规定，下列各项中可以记入"应收账款"账户的有（　　　）。

A. 现金折扣

B. 商业折扣

C. 增值税销项税额

D. 代购单位垫付的运杂费

2. 下列项目中，属于留存收益的有（　　　）。

A. 实收资本

B. 资本公积

C. 盈余公积

D. 未分配利润

3. 下列税金中，应计入存货成本的有（　　　）。

A. 由受托方代收代交的委托加工直接用于对外销售的商品负担的消费税

B. 由受托方代收代交的委托加工继续用于生产应纳消费税的商品负担的消费税

C. 进口原材料交纳的进口关税

D. 小规模纳税企业购买材料交纳的增值税

4. 期末发生的下列事项中，影响当年利润表中营业利润的是（　　　）。

A. 发生的固定资产修理费用

B. 计提固定资产减值准备

C. 发生的固定资产的改良支出

D. 计提管理部门固定资产的折旧费

5. 下列各项中，属于我国现金流量表中现金的有（　　　）。

A. 银行存款

B. 银行汇票存款

C. 库存现金

D. 现金等价物

三、判断题

1. 计量属性主要包括历史成本、重置成本、可变现净值、现值和公允价值。　　　　　　　　　　　　　　　　　　　　　　　　（　　）

2. 盘盈的固定资产的净收益应计入营业外收入，而盘亏固定资产的净损失应计入营业外支出。　　　　　　　　　　　　　　　　　　　　　（　　）

3. 现金股利和股票股利都是被投资企业给投资企业的报酬，因此，投资企业均应确认收益。　　　　　　　　　　　　　　　　　　　　　（　　）

4. 长期股权投资采用权益法核算，长期股权投资的初始投资成本大于投资时应享有被投资单位可辨认净资产公允价值份额的，应确认为商誉，并调整长期股权投资的初始投资成本。　　　　　　　　　　　　　　　　（　　）

5. 按双倍余额递减法计提的折旧额在任何时期都大于按平均年限法计提的折旧额。　　　　　　　　　　　　　　　　　　　　　　　　（　　）

6. 无形资产的摊销金额应当计入管理费用。　　　　　　　　　　（　　）

7. 出售无形资产所发生的损失属于费用要素的范畴。　　　　　　（　　）

8. 如果企业保留了与商品所有权相联系的继续管理权，则不能确认该项商品销售收入。　　　　　　　　　　　　　　　　　　　　　　　（　　）

9. 增值税应在利润表的"营业税金及附加"项目中反映。　　　　（　　）

10. 资产负债表是反映企业在一定会计期间经营成果的报表。　　（　　）

四、账务处理题

1. A公司从H公司赊购一批原材料，增值税专用发票上注明的原材料价款为500 000元，增值税税额为85 000元。根据购货合同约定，赊购期限为30天，现金折扣条件为2/10，1/20，N/30（现金折扣采用总价法核算，计算时不考虑增值税）。该批原材料已验收入库。

（1）请编制A公司赊购原材料的有关会计分录（原材料用实际成本法核算，"应交税费"要写出三级专栏）。

（2）请计算以下三种情况下的现金折扣，并编制支付货款的有关会计分录：

①假定10天内支付货款；

②假定20天内支付货款；

③假定30天内支付货款。

2. 某工业企业2014年10月份"原材料"科目某类材料的期初余额为20 000元，"材料成本差异"科目期初借方余额为2 000元，原材料单位计划成本10元。运费增值税税率为11%。

该企业10月份发生如下经济业务：

（1）10月2日进货800千克，支付材料货款7 600元，材料增值税进项税额1 292元，运费320元。材料已验收入库。

（2）10月15日进货1 600千克，增值税发票上价税合计为17 971.2元（增值税税率为17%），款项用银行存款支付。另支付运费800元。材料已验收入库。

（3）10月28日车间生产产品直接领用材料2 000千克。

要求：

（1）编制上述业务的会计分录（其中"应交税费"要写出三级专栏）；

（2）计算材料成本差异率（计算结果保留百分比小数点后两位），计算发出材料应负担的材料成本差异并编制相关会计分录。

3. 甲公司2014年有关损益类科目的年末余额见下表（采用表结法年末一次结转损益类科目，所得税税率为25%）：

科目名称	结账前余额（元）	余额方向
主营业务收入	6 000 000	贷
其他业务收入	700 000	贷
公允价值变动损益	150 000	贷
投资收益	600 000	贷
营业外收入	50 000	贷
主营业务成本	4 000 000	借
其他业务成本	400 000	借
营业税金及附加	80 000	借
销售费用	500 000	借
管理费用	770 000	借
财务费用	200 000	借
资产减值损失	100 000	借
营业外支出	250 000	借

注：营业外支出中有200 000元属于税收罚款支出。

要求：

（1）编制甲公司上述年末结转损益类科目的会计分录；

（2）计算利润总额，应纳税所得额和应交所得税额；

（3）编制确认和结转所得税费用的会计分录（其中"应交税费"要写出明细科目）；

（4）计算净利润，编制结转净利润的会计分录（其中"利润分配"要写出明细科目）。

学习情境十一　或有事项

一、单项选择题

1. 下列事项中，不属于或有事项的是（　　）。

A. 为销售的商品提供的质量保证　　　　B. 对其他单位提供的债务担保

C. 未决诉讼　　　　　　　　　　　　　D. 未来可能发生的汇率变动

2. 下列有关或有事项的表述中，正确的是（　　）。

A. 由担保引起的或有事项随着被担保人债务的全部清偿而消失

B. 只有对本单位产生不利影响的事项，才能作为或有事项

C. 或有负债与或有事项相联系，有或有事项就有或有负债

D. 对于或有事项既要确认或有负债，也要确认或有资产

3. 因乙公司未履行经济合同，给东方公司造成损失 80 万元，东方公司要求乙公司赔偿损失 80 万元，但乙公司未予同意。东方公司遂于本年 12 月 10 日向法院提起诉讼，至 12 月 31 日法院尚未作出判决。东方公司预计胜诉可能性 95%，可获得 60 万元赔偿金可能性为 70%，可获得 40 万元赔偿金的可能性为 40%，对于此业务东方公司 12 月 31 日应该（　　）。

A. 编制会计分录：借记"其他应收款"，贷记"营业外收入"60 万元

B. 编制会计分录：借记"其他应收款"，贷记"营业外收入"40 万元

C. 不作会计分录，只在报表附注中披露其形成原因和预计影响

D. 不作会计分录，也不在报表附注中披露

4. 2014 年 11 月长城公司与海河公司签订合同，长城公司于 2015 年 1 月销售商品给海河公司，合同价格为 1 600 万元，如长城公司单方面撤销合同，应支付违约金 1 000 万元。至 2014 年 12 月 31 日商品尚未购入，但市场价格大幅度地上升，长城公司预计购买商品成本总额为 2 200 万元，则长城公司确认预计负债的金额是（　　）万元。

A. 400　　　　　　　　　　　　　　　B. 600

C. 200　　　　　　　　　　　　　　　D. 0

5. 2014 年 8 月 1 日，甲公司因产品质量不合格而被乙公司起诉。至 2014 年 12 月 31 日，该起诉讼尚未判决，甲公司估计很可能承担违约赔偿责任，需要赔偿 400 万元的可能性为 70%，需要赔偿 200 万元的可能性为 30%。甲公司基本确定能够从直接责任人处追回 100 万元。2014 年 12 月 31 日，甲公司对该起诉讼应确认的预计负债金额为（　　）万元。

A. 240　　　　　　　　　　　　　　　B. 300

C. 340　　　　　　　　　　　　　　　D. 400

二、多项选择题

1. 下列有关或有事项的会计处理中，符合现行会计准则的有（   ）。

A. 或有事项的结果可能导致经济利益流入企业的，应对其予以披露

B. 或有事项的结果很可能导致经济利益流入企业的，应对其予以披露

C. 或有事项的结果可能导致经济利益流出企业但不符合确认条件的，不需要披露

D. 或有事项的结果可能导致经济利益流出企业但无法可靠计量的，需要对其予以披露

E. 或有事项的结果很可能导致经济利益流出企业且符合确认条件的，应作为预计负债确认

2. 预计负债应当按照履行相关现时义务所需支出的最佳估计数进行初始计量，其正确的处理方法有（   ）。

A. 所需支出存在一个连续范围，且该范围内各种结果发生的可能性相同的，最佳估计数应当按照该范围内的中间值确定

B. 如果存在一个金额范围，最佳估计数是该范围的上限

C. 或有事项涉及单个项目的，按照最可能发生的金额确定

D. 或有事项涉及多个项目的，按照各种可能结果及相关概率计算确定

E. 企业在确定最佳估计数时，应当综合考虑与或有事项有关的风险、不确定性和货币时间价值等因素，货币时间价值影响重大的，应当通过对相关未来现金流出进行折现后确定最佳估计数

3. 对于或有事项相关的义务，在确认为预计负债时，应同时满足的条件有（   ）。

A. 该义务是企业承担的现时义务

B. 履行很可能导致经济利益流出企业

C. 该义务的履行不是很可能导致经济利益流出企业

D. 该义务的金额能够可靠地计量

E. 该义务是企业承担的潜在义务

4. 或有事项的计量主要涉及两个方面的问题：一是最佳估计数的确定，二是预期可获得补偿的处理。关于这两个方面，下列说法正确的有（   ）。

A. 所需支出不存在一个连续范围，且或有事项涉及多个项目的，应按照最可能发生金额确定预计负债的金额

B. 所需支出存在一个连续范围，且该范围内各种结果发生的可能性相同，则最佳估计数应当按照该范围内的中间值确定

C. 企业清偿预计负债所需支出全部或部分预期由第三方补偿的，确认的补偿金额不应当超过预计负债的账面价值

D. 企业由第三方补偿的金额只有在很可能收到时才能作为资产单独确认

E. 企业不应确认或有资产和或有负债

5. 甲企业因或有事项很可能赔偿 A 公司 60 万元，同时，甲企业基本确定可以从 B 公司获得 40 万元的补偿金，甲企业正确的会计处理有(　　　　)。

A. 登记营业外支出 20 万元　　　　　B. 登记其他应收款 40 万元

C. 登记其他应收款 20 万元　　　　　D. 登记预计负债 60 万元

E. 登记预计负债 20 万元

三、判断题

1. 只有对本单位产生不利影响的事项，才能作为或有事项。　　　　　(　　　)

2. 或有负债只能是潜在义务。　　　　　　　　　　　　　　　　　　(　　　)

3. 或有事项的结果可能会产生预计负债、或有负债或者或有资产。　　(　　　)

4. 待执行合同不管是否亏损，都有可能确认预计负债。　　　　　　　(　　　)

5. 企业清偿预计负债所需支出全部或部分预期由第三方补偿的，补偿金额在基本确定收到时，可以作为确认预计负债的抵减，也可以作为一项资产单独确认。

(　　　)

四、简答题

1. 预计负债的确认条件有哪些?

2. 最佳估计数是如何确定的?

五、账务处理题

(一)

1. 目的：练习存在亏损合同的核算。

2. 资料：

甲公司为商品流通企业，适用的增值税税率为 17%。2014 年 10 月 10 日甲公司与乙公司签订不可撤销合同，合同规定 2015 年 1 月 10 日向乙公司销售 500 套铜制商品，合同价格每套为 10 万元。2014 年 12 月 1 日购入 500 套铜制商品并验收入库，由于市场有色金属铜的价格大幅度上升，使得购买成本为每套 15 万元，货款已支付。2015 年 1 月 10 日向乙公司发出 500 套铜制商品，货款已收到。

3. 要求：

（1）编制 2014 年 12 月 1 日购入商品的会计分录；

（2）编制 2014 年 12 月 31 日有关亏损合同的会计分录；

（3）编制 2015 年 1 月 10 日销售商品的会计分录。

（分录金额单位用万元表示）

（二）

1. 目的：练习预计负债的核算。

2. 资料：

甲企业为工业生产企业，从 2013 年 1 月起为售出产品计提产品质量保证费用，规定产品出售后一定期限内若出现质量问题，负责退换或免费提供修理。假定甲企业只生产和销售 A、B 两种产品，具体情况如下：

（1）甲企业为 A 产品计提产品质量保证费用确认的预计负债在 2014 年年初账面余额为 30 万元，A 产品的售后服务期限为 3 年。该企业对售出的 A 产品可能发生的产品质量保证费用，在年末按照当年 A 产品销售收入的 2% 预计。

甲企业 2014 年 A 产品销售收入及发生的产品质量保证费用资料如表 1-11-1 所示：

表 1-11-1　　　2014 年 A 产品销售收入及发生的产品质量保证费用资料　　　单位：万元

项　目	第一季度	第二季度	第三季度	第四季度
A 产品销售收入	1 000	800	1 200	600
发生的产品质量保证费用	15	10	30	20
其中：原材料	10	8	10	15
人工成本	5	2	5	5
用银行存款支付的其他支出	0	0	15	0

（2）甲企业为 B 产品计提产品质量保证费用确认的预计负债在 2014 年年初账面余额为 8 万元，B 产品已于 2013 年 7 月 31 日停止生产，B 产品的售后服务截止日期为 2014 年 12 月 31 日。甲企业库存的 B 产品已于 2013 年年底以前全部售出。

2014 年第四季度发生的 B 产品产品质量保证费用为 5 万元（均为人工成本），其他各季度均未发生产品质量保证费用。

3. 要求：

（1）计算对 A 产品 2014 年年末应确认的预计负债；

（2）编制对 A 产品 2014 年年末确认预计负债相关的会计分录（假定按年编制会计分录）；

（3）编制 A 产品 2014 年发生的售出产品质量保证费用相关的会计分录（假定按年编制会计分录）；

（4）编制 B 产品 2014 年与预计负债相关的会计分录（假定按年编制会计分录）；

（5）计算甲企业 2014 年 12 月 31 日预计负债的账面余额（注明借方或贷方）。

一、单项选择题

1. 下列项目中，属于货币性资产的是（　　）。

A. 作为交易性金融资产的股票投资　　B. 准备持有至到期的债券投资

C. 不准备持有至到期的债券投资　　D. 作为可供出售金融资产的权益工具

2. 下列说法中，不正确的是（　　）。

A. 非货币性资产交换可以涉及少量补价，通常以补价占整个资产交换金额的比例低于 25% 作为参考

B. 当交换具有商业实质并且公允价值能够可靠计量时，应当以换出资产的公允价值和应支付的相关税费作为换入资产的成本

C. 不具有商业实质的交换，应当以换出资产的账面价值和应支付的相关税费作为换入资产的成本（不考虑存货）

D. 收到补价时应确认收益，支付补价时不能确认收益

3. 2014 年 10 月，甲企业用一辆汽车换入两种原材料 A 和 B，汽车的账面价值为 150 000 元，公允价值为 160 000 元，材料 A 的公允价值为 40 000 元，材料 B 的公允价值为 70 000 元，增值税税率为 17%，计税价格等于公允价值，甲企业收到补价 31 300 元。则原材料的入账价值总额为（　　）元。

A. 91 300　　　　　　　　　　B. 110 000

C. 128 700　　　　　　　　　　D. 131 300

4. 甲股份有限公司发生的下列非关联交易中，属于非货币性资产交换的是（　　）。

A. 以公允价值为 360 万元的固定资产换入乙公司账面价值为 400 万元的无形资产，并支付补价 40 万元

B. 以账面价值为 280 万元的固定资产换入丙公司公允价值为 200 万元的一项专利权，并收到补价 80 万元

C. 以公允价值为 320 万元的长期股权投资换入丁公司账面价值为 460 万元的短期股票投资，并支付补价 140 万元

D. 以账面价值为 420 万元、准备持有至到期的债券投资换入戊公司公允价值为 390 万元的一台设备，并收到补价 30 万元

5. 企业对具有商业实质、且换入或换出资产的公允价值能够可靠计量的非货币性资产交换，在换出库存商品且其公允价值包含增值税的情况下，下列会计处理中，正确的是（　　）。

A. 按库存商品不含税的公允价值确认营业收入

B. 按库存商品不含税的公允价值确认主营业务收入

C. 按库存商品公允价值高于账面价值的差额确认营业外收入

D. 按库存商品公允价值低于账面价值的差额确认资产减值损失

二、多项选择题

1. 企业进行具有商业实质且公允价值能够可靠计量的非货币性资产交换，同一事项可能同时影响双方换入资产入账价值的因素有（　　）。

A. 企业换出资产的账面价值

B. 企业换出资产的公允价值

C. 企业换出资产计提的资产减值准备

D. 企业为换入存货交纳的增值税

2. 下列选项中，属于非货币性资产的有（　　）。

A. 预付账款 　　　　　　　　B. 交易性金融资产

C. 投资性房地产 　　　　　　D. 应收账款

3. 下列各项交易中，属于非货币性资产交换的有（　　）。

A. 以固定资产换入股权 　　　B. 以银行汇票购买原材料

C. 以银行本票购买固定资产 　D. 以无形资产换入原材料

4. 下列有关非货币性资产的表述中，正确的有（　　）。

A. 关联方关系的存在可能导致发生的非货币性资产不具有商业实质

B. 具有商业实质的，换入和换出资产的公允价值通常应当相等

C. 具有商业实质的，换出资产的公允价值与其账面价值之间的差额计入当期损益

D. 不具有商业实质的，应以换出资产的账面价值和应支付的相关税费为基础确定换入资产的成本，不确认损益

5. 在换入资产按公允价值计量的情况下，换出资产为固定资产、无形资产的，其换出资产公允价值和换出资产账面价值的差额，可计入（　　）。

A. 营业外收入 　　　　　　　B. 其他业务收入

C. 营业外支出 　　　　　　　D. 其他业务成本

三、判断题

1. 在具有商业实质且公允价值能够可靠计量的情况下，如果换出的资产为固定资产、无形资产和投资性房地产的，则换出资产的账面价值和公允价值之间的差额，计入营业外收入和营业外支出。　　　　　　　　　　　　　　　　　（　　）

2. 任何资产之间进行交换，如果涉及补价的，只要补价占整个资产交换金额的比例低于25%的，都按照非货币性资产交换的处理原则进行核算。　　（　　）

3. 在不具有商业实质的非货币性资产交换中，收到补价方，应当按照换出资

产的账面价值减去收到的补价加上为换入资产支付的相关税费，作为换入资产的入账价值，不确认交易损益。 （ ）

4. 某企业以其不准备持有至到期的国库券换入一幢房屋以备出租，该项交易具有商业实质。 （ ）

5. 不具有商业实质且换入资产的公允价值不能可靠计量的非货币性资产交换，在同时换入多项资产的情况下，确定各项换入资产的入账价值时，需要按照换入各项资产的原账面价值占换入资产原账面价值总额的比例，确定各项换入资产的成本。 （ ）

四、简答题

1. 非货币性资产交换中商业实质的判定条件有哪些？

2. 什么情况下，公允价值视为能够可靠计量？

五、账务处理题

（一）

1. 目的：练习具有商业实质的非货币资产交换的核算。

2. 资料：

甲股份有限公司（以下简称甲公司）2014 年度发生如下有关业务：

（1）甲公司以其生产的一批产品换入 A 公司的一台设备，产品的账面余额为 420 000 元，已提存货跌价准备 10 000 元，计税价格（等于公允价值）为 500 000 元，增值税税率为 17%。甲公司另向 A 公司支付现金 15 000 元作为补价，同时为换入资产支付相关费用 5 000 元。设备的原价为 800 000 元，已提折旧 220 000 元，已提减值准备 20 000 元，设备的公允价值为 600 000 元。

（2）甲公司以设备一台换入 B 公司的专利权，设备的原价为 600 000 元，已提折旧 220 000 元，已提减值准备 40 000 元，设备的公允价值为 400 000 元。专利权的账面原价为 500 000 元，累计摊销为 150 000 元，公允价值为 380 000 元。甲公司收到 B 公司支付的现金 20 000 元作为补价。

（3）甲公司以其持有的可供出售金融资产交换 C 公司的原材料。在交换日，甲公司的可供出售金融资产账面余额为 320 000 元（其中成本为 240 000 元，公允价值变动为 80 000 元），公允价值为 360 000 元。换入的原材料账面价值为 280 000

元，公允价值（计税价格）为 300 000 元，增值税为 51 000 元，甲公司收到 C 公司支付的补价 9 000 元。

假定不考虑换入设备所涉及的增值税，甲与 A、B、C 公司的非货币性资产交换具有商业实质且公允价值能够可靠计量。

3. 要求：根据上述经济业务编制甲公司有关会计分录。

（二）

1. 目的：练习涉及多项资产的、具有商业实质的非货币性资产交换的核算。

2. 资料：

甲公司和乙公司均为增值税一般纳税企业，适用的增值税税率均为 17%。2014 年 11 月 1 日，甲公司与乙公司进行资产交换，甲公司将其持有的库存商品、交易性金融资产、专利权同乙公司的原材料、固定资产（厂房）进行交换，甲公司持有的库存商品的账面价值为 100 万元，不含增值税的公允价值为 150 万元，交易性金融资产的账面价值为 180 万元，公允价值为 200 万元，专利权的账面原价为 400 万元，已累计摊销的金额 100 万元，已计提减值准备为 20 万元，公允价值为 260 万元；乙公司原材料的账面价值为 300 万元，不含增值税的公允价值为 350 万元，固定资产的账面原价为 500 万元，已计提折旧为 200 万元，公允价值为 230 万元，同时，甲公司支付给乙公司的补价为 4 万元，甲公司换入原材料、固定资产仍作为原材料和固定资产核算，乙公司换入的库存商品、交易性金融资产和专利权均作为库存商品、交易性金融资产和无形资产核算。

3. 要求：

（1）判断此项业务是否属于非货币性资产交换，并计算甲、乙公司换出资产的公允价值；

（2）计算甲、乙公司换入资产的总成本；

（3）计算甲、乙公司各项换入资产的入账价值；

（4）编制甲、乙公司相关的会计分录。

学习情境十三 债务重组

一、单项选择题

1. 一般情况下，债务人以现金清偿某项债务的，债权人应将重组债权的账面余额与收到的现金之间的差额，计入( )。

   A. 营业外收入   B. 管理费用

   C. 资本公积   D. 营业外支出

2. 2014 年 A 公司从 B 公司购入原材料一批，价款合计 468 万元（含增值税），现 A 公司财务困难，无法偿还货款。经双方协商，B 公司同意 A 公司用其产品抵债。抵债产品市场价为 300 万元（不含税），增值税税率为 17%，产品成本为 258 万元。假定不考虑其他税费，则 A 公司因该债务重组增加的税前利润是( )万元。

   A. 117   B. 300

   C. 159   D. 42

3. 2014 年 5 月 1 日，甲公司应付商业银行的一般三年期贷款 600 万元（含所欠的本金和利息）到期，因财务困难，短期内无法支付。所以，甲公司与该商业银行于当日签订债务重组协议，约定减免甲公司债务的 15%，其余部分延期两年支付。该商业银行已经为该项贷款计提了 60 万元的坏账准备。不考虑其他因素，甲公司在该项债务重组业务中应确认的债务重组利得为( )万元。

   A. 39   B. 60

   C. 90   D. 103.5

4. 以修改其他债务条件进行债务重组的，如果债务重组协议中附有或有应付金额的，该或有应付金额最终没有发生的，债务人应( )。

   A. 冲减营业外支出

   B. 冲减财务费用

   C. 冲减已确认的预计负债，同时确认营业外收入

   D. 不作账务处理

5. 在以现金、非现金资产和修改债务条件混合重组方式清偿债务的情况下，以下处理的先后顺序正确的是( )。

   A. 非现金资产方式、现金方式、修改债务条件

   B. 现金方式、非现金方式、修改债务条件

   C. 修改债务条件、非现金方式、现金方式

   D. 现金方式、修改债务条件、非现金资产方式

二、多项选择题

1. 关于债务重组，下列说法中正确的有（　　）。

A. 债务重组一定是在债务人发生财务困难的情况下发生的

B. 债务重组一定是债权人按照其与债务人达成的协议或者法院裁定作出让步的事项

C. 债务重组既包括持续经营下的债务重组，也包括非持续经营下的债务重组

D. 债务重组不一定是在债务人发生财务困难的情况下发生的

2. 某公司清偿债务的下列方式中，属于债务重组范畴的有（　　）。

A. 根据转换协议将应付可转换公司债券转为资本

B. 以公允价值低于债务金额的非现金资产清偿

C. 债权人延长债务偿还期限并在展期收取比原利率小的利息

D. 以低于债务账面价值的银行存款清偿

3. 以债务转为资本的方式进行债务重组时，以下处理方法正确的有（　　）。

A. 债务人应将债权人因放弃债权而享有的股份的面值总额确认为股本或实收资本

B. 债务人应将股份公允价值总额与股本或实收资本之间的差额确认为资本公积

C. 债权人应当按享有股份的公允价值确认为对债务人的投资

D. 债权人已对债权计提减值准备的，应当先将重组债权的账面余额与股份的公允价值之间的差额冲减减值准备，冲减后尚有余额的，计入营业外支出（债务重组损失）

4. 债务重组中对于债务人而言，对抵债资产公允价值与账面价值的差额处理正确的有（　　）。

A. 抵债资产为长期股权投资的，其公允价值和账面价值的差额，计入投资收益

B. 抵债资产为存货的，不作销售处理，其公允价值和账面价值的差额，计入营业外收入或营业外支出

C. 抵债资产为交易性金融资产的，其公允价值和账面价值的差额，计入营业外收入或营业外支出

D. 抵债资产为可供出售金融资产的，其公允价值和账面价值的差额，计入投资收益

5. 2014 年 4 月 8 日，恒通公司因无力偿还东大公司的 1 000 万元货款进行债务重组。按债务重组协议规定，恒通公司用其普通股 400 万股偿还债务。假定普通股每股面值 1 元；该股份的公允价值为 900 万元（不考虑相关税费）。东大公司对应收账款计提了 80 万元的坏账准备。恒通公司于 8 月 5 日办妥了增资批准手续，换

发了新的营业执照，则下列表述正确的有(　　　)。

    A. 债务重组日为 2014 年 4 月 8 日

    B. 东大公司因放弃债权而享有股份的面值总额为 400 万元

    C. 恒通公司记入"资本公积——股本溢价"500 万元

    D. 东大公司可以不转计提的坏账准备 80 万元

三、判断题

1. 只要债务重组时确定的债务偿还条件不同于原协议，不论债权人是否作出让步，均属于准则所定义的债务重组。　　　　　　　　　　　　　　(　　)

2. 将债务转为资本的，债权人应当将享有股份的公允价值确认为对债务人的投资，重组债权的账面余额与股份的公允价值之间的差额，应当计入当期损益。
　　　　　　　　　　　　　　　　　　　　　　　　　　　　　　(　　)

3. 在债务重组中，债务人的或有应付金额在随后的会计期间没有发生的，应在结算时转入资本公积。　　　　　　　　　　　　　　　　　　　　(　　)

4. 以非现金资产清偿债务的，债权人应当对接受的非现金资产按照原账面价值入账，将重组债权的账面余额与接受的非现金资产的入账价值之间的差额计入当期损益。　　　　　　　　　　　　　　　　　　　　　　　　(　　)

5. 以修改其他债务条件进行债务重组的，若涉及或有应付金额，债务人应当将修改其他债务条件后债务的公允价值和或有应付金额之和作为重组后债务的入账价值。重组债务的账面价值与重组后债务的入账价值之间的差额，计入当期损益。
　　　　　　　　　　　　　　　　　　　　　　　　　　　　　　(　　)

四、简答题

1. 企业债务重组的方式有哪些？

2. 涉及或有应付（或应收）金额的债务重组应如何进行处理？

五、账务处理题

（一）

1. 目的：练习债务重组的核算。

2. 资料：2013 年 4 月 1 日，恒通公司销售一批商品给大华公司，销售货款总额为 300 万元（含增值税）。恒通公司于同日收到大华公司开出承兑的一张票面金额为 300 万元、期限为 6 个月、票面年利率为 8% 的商业汇票。恒通公司与大华公司按月计提该商业汇票的利息。2013 年 10 月 1 日，大华公司未能兑付到期票据，恒通公司将应收票据本息余额转入应收账款，不再计提利息。2013 年 12 月 5 日，双方经协商进行债务重组，签订的债务重组协议内容如下：

（1）大华公司以其持有的一项拥有完全产权的房产以公允价值抵偿部分债务。该房产在大华公司的账面原价为 100 万元，已计提折旧 30 万元，已计提减值准备 5 万元，公允价值为 60 万元。

（2）恒通公司同意豁免大华公司债务本金 40 万元，以及 2013 年 4 月 1 日至 2013 年 9 月 30 日已计提的全部利息。

（3）将剩余债务的偿还期限延长至 2014 年 12 月 31 日。在债务延长期间，剩余债务余额按年利率 5% 收取利息，本息到期一次偿付。

（4）该协议自 2013 年 12 月 31 日起执行。

债务重组日之前，恒通公司对上述债权未计提坏账准备。上述房产的所有权变更、部分债务解除手续及其他有关法律手续已于 2013 年 12 月 31 日完成。恒通公司将取得的房产作为固定资产进行核算和管理。

大华公司于 2014 年 12 月 31 日按上述协议规定偿付了所欠债务。

3. 要求：根据上述资料，完成恒通公司和大华公司相关账务处理。

（二）

1. 目的：练习债务重组的核算。

2. 资料：

2009 年 1 月 1 日，甲公司从某银行取得年利率 10%、期限为 3 年、到期一次还本付息的贷款 12 500 元，现因甲公司财务困难，于 2011 年 12 月 31 日进行债务重组，银行同意延长到期日至 2014 年 12 月 31 日，利率降至 7%（等于实际利率），免除所有积欠利息，本金减至 10 000 元，但附有一个条件：债务重组后，如果甲公司 2012 年实现盈利，则 2012 年至 2014 年的年利率均恢复至 10%，如果 2012 年未实现盈利，则延期期间内的年利率维持 7%。重组时甲公司预计其 2012 年很可能实现盈利。假设银行没有对该贷款计提坏账准备，债务重组后甲公司均按期支付了各期利息。

3. 要求：

（1）编制债务人有关债务重组日的会计分录；

（2）假设甲公司 2012 年实现盈利，编制债务人 2012—2014 年度的会计分录；

（3）假设甲公司 2012 年未实现盈利，编制债务人 2012—2014 年度的会计分录。

（分录金额单位用万元表示）

学习情境十四　借款费用

一、单项选择题

1. 专门借款是指（　　）。
A. 长期借款
B. 技术改造借款
C. 发行债券筹集资金
D. 为购建或者生产符合资本化条件的资产而专门借入的款项

2. 如果固定资产的购建活动发生非正常中断，并且中断时间连续超过（　　），应当暂停借款费用的资本化，将其确认为当期费用，直到资产的购建活动重新开始。
A. 3 个月　　　　　　　　　　B. 半年
C. 1 年　　　　　　　　　　　C. 2 年

3. 企业因资产支出数超过专门借款数，为此于 2014 年借入了两笔一般借款。1 月 1 日借入 100 万元，3 月 1 日借入 300 万元，资产的建造工作从 2013 年 9 月 1 日开始。假定企业按季计算资本化金额，则 2014 年第一季度一般借款本金加权平均数为（　　）万元。
A. 100　　　　　　　　　　　B. 200
C. 300　　　　　　　　　　　D. 400

4. 当所购建的固定资产（　　）时，应当停止其借款费用的资本化，以后发生的借款费用应当于发生当期确认为费用。
A. 达到预定可使用状态　　　　B. 交付使用
C. 竣工决算　　　　　　　　　D. 交付使用并办理竣工决算

二、多项选择题

1. 借款费用开始资本化必须同时满足的条件包括（　　）。
A. 资产支出已经发生
B. 借款费用已经发生
C. 支出工程项目人员工资
D. 为使资产达到预定可使用状态或者可销售状态所必要的购建或者生产活动已经开始

2. 借款费用包括（　　）。
A. 因借款而发生的利息　　　　B. 折价或者溢价的摊销
C. 借款辅助费用　　　　　　　D. 因外币借款而发生的汇兑差额

3. 下列各项中，（　　）属于非正常中断。

A. 资金周转困难而停工　　　　　B. 与施工方发生质量纠纷而停工

C. 因不可预见的不可抗力而停工　D. 因可预见的不可抗力而停工

4. 下列项目中，属于借款费用应予以资本化的资产范围的有（　　）。

A. 国内采购的生产设备　　　　　B. 经营性租赁租入的生产设备

C. 自行制造的生产设备　　　　　D. 自行建造的用于出租的建筑物

三、判断题

1. 符合资本化条件的资产，是指需要经过相当长时间的购建才能达到预定可使用状态的固定资产。　　　　　　　　　　　　　　　　　　　　　　　（　　）

2. 企业发生的借款费用，可直接归属于符合资本化条件的资产的购建或者生产的，应当予以资本化，计入相关资产成本；其他借款费用，应当在发生时根据其发生额大小确认是否计入当期损益。　　　　　　　　　　　　　　　　　（　　）

3. 所有外币货币性项目的汇兑差额，均构成借款费用。　　　　　（　　）

4. 借款费用资本化期间是指从借款费用开始资本化时点到停止资本化时点的期间，但不包括借款费用暂停资本化的期间。　　　　　　　　　　　　（　　）

四、简答题

1. 如何判断资产支出已经发生？

2. 如何判断资产已达到预定可使用或者可销售状态？

五、综合题

（一）

1. 目的：练习资本化率的计算。

2. 资料：

某企业于 2014 年 1 月 1 日开工建造一项固定资产，2014 年 12 月 31 日该固定资产全部完工并投入使用。该企业为建造该固定资产占用了一般借款两笔：第一笔为 2014 年 1 月 1 日借入的 800 万元，借款年利率为 8%，期限为 2 年；第二笔为 2014 年 7 月 1 日借入的 500 万元，借款年利率为 6%，期限为 3 年。

3. 要求：计算该企业 2014 年占用一般借款的资本化率。

（二）

1. 目的：练习借款费用资本化的计算和核算。

2. 资料：

东方公司于 2013 年 1 月 1 日起建造一幢办公楼，工期预计为 1 年零 6 个月，公司为建造办公楼取得专门借款和发生的支出如表 1-14-1 所示，借款均按年付息，暂时闲置资金用于月收益率为 0.5% 的短期债券投资，该办公楼于 2014 年 6 月 30 日达到可使用状态，按照合同尚有 500 万元工程尾款将于 2014 年 9 月 30 日支付。

表 1-14-1　　　　　　取得专门借款和发生的支出情况　　　　　　金额单位：万元

日期	取得专门借款	利率	支出金额	累计支出金额	暂时闲置资金
2013 年 1 月 1 日	2 000	6%	1 500	1 500	500
2013 年 7 月 1 日	4 000	7%	2 500	4 000	2 000
2014 年 1 月 1 日			1 500	5 500	500

3. 要求：

（1）确定借款费用的资本化区间；

（2）分别计算 2013 年和 2014 年借款资本化利息；

（3）计算该项办公楼的入账价值。

一、单项选择题

1. 2014 年 12 月 31 日，乙公司预计某生产线在未来 4 年内每年产生的现金流量净额分别为 200 万元、300 万元、400 万元、600 万元，2019 年产生的现金流量净额以及该生产线使用寿命结束时处置形成的现金流量净额合计为 400 万元；假定按照 5% 的折现率和相应期间的时间价值系数计算该生产线未来现金流量的现值；该生产线的公允价值减去处置费用后的净额为 1 500 万元。已知部分时间价值系数如表 1-15-1 所示：

表 1-15-1　　　　　　　　　部分时间价值系数

	1 年	2 年	3 年	4 年	5 年
5% 的复利现值系数	0.9524	0.9070	0.8638	0.8227	0.7835

该生产线 2014 年 12 月 31 日的可收回金额为（　　）万元。

A. 115.12　　　　　B. 1 301.72　　　　　C. 1 500　　　　　D. 1 615.12

2. 甲公司 2010 年开始研发某专利权，研究费用支付了 300 万元，开发费用支付了 700 万元（假定此开发费用均符合资本化条件），该专利权于当年 7 月 1 日达到预定可使用状态，注册费用和律师费用共支付了 80 万元，会计上采用 5 年期直线法摊销，预计 5 年后该专利可售得 30 万元。2012 年年末该专利权因新技术的出现发生减值，预计可收回金额为 330 万元，预计到期时的处置净额降为 10 万元。2013 年末因新技术不成熟被市场淘汰，甲公司的专利权价值有所恢复，经估计，专利权的可收回价值为 620 万元，处置净额仍为 10 万元。则 2014 年年末此专利权的"累计摊销"金额为（　　）万元。

A. 631　　　　　B. 652　　　　　C. 675　　　　　D. 613

3. 公司采用期望现金流量法估计未来现金流量，2014 年 A 设备在不同的经营情况下产生的现金流量分别为：该公司经营好的可能性是 50%，产生的现金流量为 60 万元；经营一般的可能性是 30%，产生的现金流量是 50 万元，经营差的可能性是 20%，产生的现金流量是 40 万元，则该公司 A 设备 2014 年预计的现金流量为（　　）万元。

A. 30　　　　　B. 53　　　　　C. 15　　　　　D. 8

4. 2014 年 12 月 31 日，X 公司对一条存在减值迹象的生产线进行减值测试，该生产线的资料如下：该生产线由 A、B、C 三台设备组成，被认定为一个资产组；A、B、C 三台设备的账面价值分别为 80 万元、100 万元、70 万元，三台设备的使用寿命相等。减值测试表明，A 设备的公允价值减去处置费用后的净额为 50 万元，

B 和 C 设备均无法合理估计其公允价值减去处置费用后的净额以及未来现金流量的现值；该生产线的可收回金额为 200 万元。不考虑其他因素，A 设备应分摊的减值损失为（   ）万元。

    A. 16   B. 40   C. 14   D. 30

    5. 2013 年 12 月 12 日，丙公司购进一台不需要安装的生产用设备，取得的增值税专用发票上注明的设备价款为 408 万元，增值税税额为 69.36 万元，另发生运输费及保险费 3 万元，款项以银行存款支付；没有发生其他相关税费。该设备于当日投入使用，预计使用年限为 10 年，预计净残值为 15 万元，采用年限平均法计提折旧。2014 年 12 月 31 日，丙公司对该设备进行检查时发现其已经发生减值，预计可收回金额为 321 万元。假定不考虑其他因素，则 2014 年 12 月 31 日该设备计提的减值准备为（   ）万元。

    A. 39.6   B. 50.4   C. 90   D. 0

    6. 甲公司 2011 年 5 月初增加无形资产一项，实际成本 360 万元，预计受益年限为 6 年，按直线法摊销，无残值。2013 年年末对该项无形资产进行检查后，估计其可收回金额为 160 万元，假定原预计使用寿命、预计净残值不变，则至 2014 年年末该项无形资产的账面价值为（   ）万元。

    A. 157   B. 152   C. 112   D. 140

二、多项选择题

1. 预计资产未来现金流量的现值时应考虑的因素有（   ）。

    A. 资产的预计未来现金流量   B. 资产的预计使用寿命

    C. 资产的折现率   D. 资产目前的销售净价

2. 资产减值损失一经确认，在以后会计期间不得转回，但是在（   ）企业应当将相关资产减值准备予以转销。

    A. 非货币性资产交换方式换出时   B. 原来的减值迹象完全消失时

    C. 对外投资时   D. 债务重组时用于抵债时

3. 以下可以作为资产的公允价值减去处置费用后的净额的是（   ）。

    A. 该资产的预计未来现金流量现值减去资产负债表日处置资产的处置费用后的金额

    B. 在资产不存在销售协议但存在活跃市场的情况下，资产的市场价格减去处置费用后的金额

    C. 如果不存在资产销售协议和资产活跃市场的，根据在资产负债表日处置资产，熟悉情况的交易双方自愿进行公平交易愿意提供的交易价格减去处置费用后的金额

    D. 根据公平交易中资产的销售协议价格减去可直接归属于该资产处置费用后的金额

4. 根据《企业会计准则第 8 号——资产减值》的规定，资产的可收回金额应当根据( )两者之间的较高者确定。

A. 资产的公允价值

B. 资产的公允价值减去处置费用后的净额

C. 资产预计未来现金流量

D. 资产预计未来现金流量的现值

5. 下面关于资产未来现金流量现值计算中所使用的折现率说法中，正确的有( )。

A. 如果用于估计折现率的基础是税后的，应当将其调整为税前的折现率

B. 优先选择该资产的市场利率为依据

C. 可以选用加权平均资金成本、增量借款利率或者其他相关市场借款利率

D. 应是企业在购置或者投资资产时所要求的必要报酬率

6. 预计的资产未来现金流量应当包括的项目有( )。

A. 资产持续使用过程中预计产生的现金流入

B. 为实现资产持续使用过程中产生的现金流入所必需的预计现金流出

C. 资产使用寿命结束时，处置资产所收到的现金流量

D. 购买该项资产发生的支出

三、判断题

1. 根据谨慎性原则，可收回金额应当根据资产的公允价值减去处置费用后的净额与资产预计未来现金流量的现值两者之间的较低者确定。 ( )

2. 预计资产的未来现金流量应当包括筹资活动产生的现金流入或者流出以及与所得税收付有关的现金流量。 ( )

3. 资产组的认定应当以资产组产生的主要现金流入是否独立于其他资产或者资产组的现金流入为依据。 ( )

4. 在资产减值测试中，计算资产未来现金流量现值时所采用的折现率应当是反映当前市场货币时间价值和资产特定风险的税前利率。 ( )

5. 企业控股合并形成的商誉，不需要进行减值测试，但应在合并财务报表中分期摊销。 ( )

6. 企业在估计资产可收回金额时，必须以单项资产为基础。 ( )

四、简答题

1. 简述资产可能发生减值的迹象。

2. 简述哪些资产计提的减值准备可以转回，哪些资产计提的不可以转回。

五、账务处理题

（一）

1. 目的：练习存货跌价准备的计提与核算。

2. 资料：

凯旋公司采用备抵法核算存货跌价损失。某材料存货的有关资料如下：

（1）2012 年年初"存货跌价准备"科目为贷方余额 4 210 元，2012 年年末存货成本为 863 000 元，可变现净值为 857 220 元。

（2）2013 年年末，存货成本为 629 000 元，可变现净值为 624 040 元。

（3）2014 年 7 月，处理一批生产中已不再需要、并且已无使用价值和转让价值的材料，其账面余额为 12 000 元。2014 年年末，存货成本为 736 500 元，可变现净值为 734 170 元。

3. 要求：计算各年应提取的存货跌价准备并编制相应的会计分录。

（二）

1. 目的：练习资产的减值测试。

2. 资料：

恒昌公司 2014 年 12 月 31 日，对下列资产进行减值测试，有关资料如下：

（1）对购入 A 机器设备进行检查时发现该机器可能发生减值。该机器原值为 8 000 万元，累计折旧 5 000 万元，2014 年年末账面价值为 3 000 万元。该机器公允价值总额为 2 000 万元。直接归属于该机器处置费用为 100 万元，尚可使用 5 年，预计其在未来 4 年内产生的现金流量分别为：600 万元、540 万元、480 万元、370 万元。第 5 年产生的现金流量以及使用寿命结束时处置形成的现金流量合计为 300 万元。在考虑相关因素的基础上，公司决定采用 5% 的折现率。

（2）一项专有技术 B 的账面成本为 190 万元，已摊销额为 100 万元，已计提减值准备为零，该专有技术已被其他新的技术所代替，其为企业创造经济利益的能力受到重大不利影响。公司经分析，认定该专有技术虽然价值受到重大影响，但仍有 30 万元左右的剩余价值。

（3）对某项管理用大型设备 C 进行减值测试，发现其销售净价为 2 380 万元，预计该设备持续使用和使用寿命结束时进行处置所形成的现金流量的现值为 2 600 万元。该设备系 2010 年 12 月购入并投入使用，账面原价为 4 900 万元，预计使用年限为 8 年，预计净残值为 100 万元，采用年限平均法计提折旧。2013 年 12 月 31 日，恒昌公司对该设备计提减值准备 360 万元，其减值准备余额为 360 万元。计提减值准备后，设备的预计使用年限、折旧方法和预计净残值均不改变。

（4）对 D 公司的长期股权投资进行减值测试，发现该公司经营不善，亏损严重，对该公司长期股权投资的可收回金额下跌至 2 100 万元。该项投资系 2013 年 8 月以一幢写字楼从另一家公司置换取得。恒昌公司换出写字楼的账面原价为 8 000 万元，累计折旧为 5 300 万元。2013 年 8 月该写字楼的公允价值为 2 700 万元。假定恒昌公司对该长期股权投资采用成本法核算。

3. 要求：计算在 2014 年 12 月 31 日上述各项计提的减值损失，并编制会计分录。（答案中的金额单位用万元表示，计算结果保留两位小数）

（三）

1. 目的：练习商誉的减值测试。

2. 资料：

（1）甲公司在 2013 年 12 月 1 日，以 1 600 万元的价格吸收合并了乙公司。在购买日，乙公司可辨认资产的公允价值为 2 500 万元，负债的公允价值为 1 000 万元，甲公司确认了商誉 100 万元。乙公司的全部资产划分为两条生产线——A 生产线（包括有 X、Y、Z 三台设备）和 B 生产线（包括 S、T 两台设备），A 生产线的公允价值为 1 500 万元（其中：X 设备为 400 万元，Y 设备为 500 万元，Z 设备为 600 万元），B 生产线的公允价值为 1 000 万元（其中：S 设备为 300 万元，T 设备为 700 万元），甲公司在合并乙公司后，将两条生产线认定为两个资产组。两条生产线的各台设备预计尚可使用年限均为 5 年，预计净残值均为 0，采用直线法计提折旧。

（2）甲公司在购买日将商誉按照资产组的入账价值的比例分摊至资产组，即 A 资产组分摊的商誉价值为 60 万元，B 资产组分摊的商誉价值为 40 万元。

（3）2014 年，由于 A、B 生产线所生产的产品市场竞争激烈，导致生产的产品销路锐减，因此，甲公司于年末进行减值测试。

（4）2014 年末，甲公司无法合理估计 A、B 两生产线公允价值减去处置费用后的净额，经估计 A、B 生产线未来 5 年现金流量及其折现率，计算确定的 A、B 生产线的现值分别为 1 000 万元和 820 万元。甲公司无法合理估计 X、Y、Z 和 S、T 的公允价值减去处置费用后的净额以及未来现金流量的现值。

3. 要求：

（1）分别计算确定甲公司的商誉、A 生产线和 B 生产线及各设备的减值损失；

（2）编制计提减值准备的会计分录。

学习情境十六　外币折算

一、单项选择题

1. 企业的外币交易是指以(　　)计价或结算的交易。
   - A. 记账本位币
   - B. 美元
   - C. 港币
   - D. 记账本位币以外的其他货币

2. 下列各项中属于外币兑换业务的是(　　)。
   - A. 从银行购入外币
   - B. 归还外币贷款
   - C. 出口销售取得外币货款
   - D. 向银行借入外币借款

3. 按照企业会计准则的规定，外币报表折算差额在财务报表中的列示方法是(　　)。
   - A. 作为财务费用列示
   - B. 作为管理费用列示
   - C. 作为外币报表折算差额单独列示
   - D. 作为未分配利润的调整项目列示

4. 下列各项中，不得使用即期汇率的近似汇率折算的是(　　)。
   - A. 取得借款收到的外币
   - B. 销售商品应收取的外币
   - C. 接受投资收到的外币
   - D. 购买固定资产应支付的外币

二、多项选择题

1. 下列各项中，属于货币性负债的有(　　)。
   - A. 短期借款
   - B. 应付账款
   - C. 长期借款
   - D. 其他应付款

2. 企业发生外币交易时，可以选择的折算汇率有(　　)。
   - A. 历史汇率
   - B. 交易发生时的即期汇率
   - C. 账面汇率
   - D. 交易发生时即期汇率的近似汇率

3. 企业在进行外币财务报表折算时，应采用发生时的即期汇率折算的有(　　)。
   - A. 实收资本
   - B. 固定资产
   - C. 盈余公积
   - D. 存货

4. 企业在进行外币财务报表折算时，应当按照资产负债表日即期汇率折算的有(　　)。
   - A. 无形资产
   - B. 货币资金
   - C. 资产减值损失
   - D. 投资收益

三、判断题

1. 在中国境内发生的业务都不是外币业务。 （　　）

2. 记账本位币是指企业经营所处的主要经济环境中的货币。主要经济环境是指企业主要收入或支出现金的经济环境。 （　　）

3. 交易性金融资产在期末需要单独确认由于汇率变动所带来的汇兑损益。 （　　）

4. 我国境内某公司，业务收支以美元为主，并以美元作为记账本位币，其编制的报表也应以美元反映。 （　　）

四、简答题

1. 简述外币交易的主要内容。

2. 什么是货币性项目？货币性资产包括哪些项目？

五、账务处理题

（一）

1. 目的：练习外币交易的核算。

2. 资料：

某公司的外币业务选择人民币作为记账本位币，采用发生时的即期汇率进行折算。本期从银行购入 20 000 美元，当日银行美元卖出价为 1 美元 = 6.13 元人民币，当日中间价为 1 美元 = 6.12 元人民币。

3. 要求：编制相关的会计分录。

（二）

1. 目的：练习外币交易的核算

2. 资料：

6 月 1 日，某电器进出口公司外币账户余额如表 1-16-1 所示。

表 1-16-1　　　　　　**某电器进出口公司外币账户余额**

账户名称	外币余额（美元）	账面汇率	人民币金额（元）
银行存款——美元户	56 000	6.12	342 720
应收账款	52 000	6.12	318 240
应付账款	46 000	6.12	281 520

6 月份发生下列经济业务：

（1）1 日，支付上月结欠日本公司外汇账款 46 000 美元，当日美元汇率的中间价为 6.13 元人民币。

（2）16 日，销售给法国公司电器一批，发票金额为 68 000 美元，当日美元汇率的中间价为 6.13 元人民币。

（3）21 日，向日本公司进口电器一批，发票金额为 50 000 美元，款项尚未支付，当日美元汇率的中间价为 6.12 元人民币。

（4）30 日，美元市场汇率的中间价为 6.11 元人民币。

3. 要求：

（1）编制上述业务的会计分录（外币账户按当日汇率折算）。

（2）期末，调整各外币账户的期末余额。

学习情境十七 租赁

一、单项选择题

1. 租赁开始日是指(   )。
   A. 承租人进行会计处理的日期
   B. 租赁各方就主要租赁条款作出承诺日
   C. 租赁协议日与租赁各方就主要租赁条款作出承诺日中的较早者
   D. 租赁协议日与租赁各方就主要租赁条款作出承诺日中的较晚者

2. 甲公司于 2014 年 1 月 1 日采用经营租赁方式从乙公司租入设备一台,租期为 5 年,设备价值为 100 万元,租赁合同规定:第一年至第四年的租金分别为 10 万元、15 万元、20 万元和 25 万元;租金于每年年初支付,第五年免租金。2014 年甲公司应就此项租赁确认的租金费用为(   )万元。
   A. 10   B. 14   C. 17.5   D. 20

3. 某项融资租赁,起租日为 2013 年 12 月 31 日,最低租赁付款额现值为 700 万元,承租人另发生安装费 20 万元,设备于 2014 年 6 月 20 日达到预定可使用状态并交付使用,承租人担保余值为 60 万元,未担保余值为 30 万元,租赁期为 11 年,设备尚可使用年限为 13 年。承租人对租入的设备采用年限平均法计提折旧。该设备在 2014 年应计提的折旧额为(   )万元。
   A. 60   B. 44   C. 65.45   D. 48

4. 甲公司将一台公允价值为 200 万元的机器设备以融资租赁方式租赁给乙公司,乙公司资产总额为 500 万元,租赁合同规定的年利率为 7%。双方签订合同规定:乙公司租赁该设备 3 年,每年末支付租金 60 万元,另付技术服务费 5 万元,担保资产余值 20 万元,乙公司还支付了设备运输和安装费用 10 万元,乙公司该项租赁业务的最低租赁付款额是(   )万元。
   A. 225   B. 215   C. 210   D. 200

5. 甲公司将一台设备以经营租赁方式租赁给乙企业,租赁期为 14 个月,其中免租期为 2 个月,租金为 30 000 元,此外,甲还承担了乙方的费用 2 000 元,则乙每月应分摊的租金为(   )。
   A. 2 142.86 元   B. 2 500 元   C. 2 333.33 元   D. 2 000 元

6. 关于售后租回交易正确的是(   )。
   A. 售后租回交易认定为融资租赁的,售价与资产账面价值之间的差额应当予以递延,并按照租赁期内租金支付比例进行分摊,作为折旧额的调整
   B. 售后租回交易认定为经营租赁的,售价与资产账面价值之间的差额应当予以递延,然后在租赁期内按照与确认租金费用相一致的方法进行分摊,作

为租金费用的调整

C. 对出租方来讲，售后租回交易同其他租赁业务的会计处理相同；对于承租方来讲，售后租回交易同其他租赁业务的会计处理也相同

D. 对出租方来讲，售后租回交易同其他租赁业务的会计处理相同；对于承租方来讲，售后租回交易同其他租赁业务的会计处理不同

二、多项选择题

1. 在租赁业务中，与资产所有权有关的风险是指(　　)。

A. 由于经营情况变化造成相关收益的减少

B. 由于资产增值而实现的收益

C. 由于资产闲置造成的损失

D. 未实现或有租金

E. 由于技术陈旧等造成的损失

2. 承租人在计算最低租赁付款额的现值选择折现率时，应考虑的因素有(　　)。

A. 出租人租赁内含利率　　　　B. 租赁合同规定的利率

C. 同期银行贷款利率　　　　　D. 同期银行存款利率

E. 承租人租赁内含利率

3. 融资租赁中出租人的会计处理正确的有(　　)。

A. 在租赁期开始日，出租人应当将租赁开始日最低租赁收款额与初始直接费用之和作为应收融资租赁款的入账价值，同时记录未担保余值；将最低租赁收款额、初始直接费用及未担保余值之和与其现值之和的差额确认为未实现融资收益

B. 未实现融资收益应当在租赁期内各个期间进行分配

C. 出租人应当采用实际利率法计算确认当期的融资收入

D. 出租人至少应当于每年年度终了，对未担保余值进行复核

E. 未担保余值增加的，不作调整，有证据表明未担保余值已经减少的，应当重新计算租赁内含利率，将由此引起的租赁投资净额的减少，计入当期损益；以后各期根据修正后的租赁投资净额和重新计算的租赁内含利率确认融资收入

4. 关于融资租入的固定资产计提折旧说法正确的有(　　)。

A. 计提租赁资产折旧时，承租人应采取与自有应折旧资产相一致的折旧政策

B. 如果承租人或与其有关的第三方对租赁资产余值提供担保，则应计的折旧总额为融资租入固定资产的入账价值扣除担保余值后的余额

C. 如果承租人或与其有关的第三方未对租赁资产余值提供担保，则应计的折旧总额为融资租入固定资产的入账价值

D. 如果能够合理确定租赁期满时承租人将会取得租赁资产所有权，则应以租赁开始日租赁资产的尚可使用年限作为折旧期间

E. 如果无法合理确定租赁期满时承租人将会取得租赁资产所有权，则应以租赁期与租赁资产尚可使用年限二者中较短者作为折旧期间

5. 租赁业务中，下列不得直接计入当期损益的项目有（　　　　）。

A. 融资租赁中的未确认融资费用　　B. 融资租赁中的或有租金

C. 融资租赁中的初始直接费用　　　D. 融资租赁中的未实现融资收益

E. 经营租赁中不是均衡支付的当期租金

三、判断题

1. 在融资租入固定资产达到预定可使用状态之前摊销的未确认融资费用应计入固定资产价值。　　　　　　　　　　　　　　　　　　　　（　　　）

2. 在融资租入固定资产达到预定可使用状态之前摊销的未确认融资费用应计入财务费用。　　　　　　　　　　　　　　　　　　　　　　（　　　）

3. 融资租赁是指实质上转移了与资产所有权相关的主要风险和报酬的租赁。
　　　　　　　　　　　　　　　　　　　　　　　　　　　　　　（　　　）

4. 在售后租回交易下，发生的销售收益应予以递延，发生的销售损失应根据谨慎性原则的要求，全部确认为当期损失。　　　　　　　　　　　（　　　）

5. 承租人融资租入的固定资产，应计提折旧。　　　　　　　　　（　　　）

四、简答题

1. 简述融资租赁的认定标准。

2. 何为售后租回？简述售后租回业务中承租人和出租人各自的会计处理。

五、账务处理题

（一）

1. 目的：练习融资租赁会计处理。

2. 资料：

A 公司于 2010 年 12 月 10 日与 B 租赁公司签订了一份设备租赁合同。合同主要条款如下：

（1）租赁标的物：甲生产设备。

（2）起租日：2010 年 12 月 31 日。

（3）租赁期：2010 年 12 月 31 日至 2014 年 12 月 31 日。

（4）租金支付方式：2011 年至 2014 年每年年末支付租金 800 万元。

（5）租赁期满时，甲生产设备的估计余值为 400 万元，其中 A 公司担保的余值为 300 万元，未担保的余值为 100 万元。

（6）甲生产设备 2010 年 12 月 31 日的原账面价值为 3 500 万元，已提折旧 400 万元，公允价值为 3 100 万元，已使用 3 年，预计还可使用 5 年。

（7）租赁合同年利率为 6%。

（8）2014 年 12 月 31 日，A 公司将甲生产设备归还给 B 租赁公司。

甲生产设备于 2010 年 12 月 31 日运抵 A 公司，当日投入使用。A 公司当日的资产总额为 4 000 万元，其固定资产均采用平均年限法计提折旧，与租赁有关的未确认融资费用采用实际利率法摊销，并假定未确认融资费用在相关资产的折旧期限内摊销。

3. 要求：

（1）判断该租赁的类型，并说明理由。

（2）编制 A 公司在起租日的有关会计分录。

（3）编制 A 公司在 2011 年年末至 2014 年年末与租金支付以及其他与租赁事项有关的会计分录（假定相关事项均在年末进行账务处理；金额单位用万元表示；利率为 6%、期数为 4 年的普通年金现值系数为 3.4651；利率为 6%、期数为 4 年的复利现值系数为 0.7921）。

（二）

1. 目的：练习融资租赁会计处理。

2. 资料：

2010 年 12 月 31 日，A 企业从 B 租赁公司租入不需安装的设备一台且已经达到可使用状态，双方签订一份租赁合同，主要条款如下：

（1）租赁标的物：大型制造设备。

（2）租赁期开始日：2011 年 1 月 1 日。

（3）租赁期：2011 年 1 月 1 日到 2014 年 12 月 31 日共 4 年。

（4）租金支付方式：每年年末支付租金 500 000 元。

（5）租赁期满时，该设备的估计余值为 600 000 元，其中由 A 企业的母公司担保的余值为 300 000 元，C 担保公司担保的余值为 200 000 元。

（6）该设备的维修费用等费用由 A 企业负担，每年 40 000 元。

（7）租赁合同规定的年利率为 6%。

其他条件如下：

（1）该设备在 2011 年 1 月 1 日的公允价值为 1 900 000 元，估计使用年限为

10 年，已使用 6 年。

（2）承租人采用年数总和法计提折旧。

（3）2014 年 12 月 31 日 A 企业将该资产交回 B 租赁公司。

3. 要求：作出 A 企业和 B 公司的账务处理。（A 公司未确认融资费用分摊率为 7.49%，B 公司租赁内含利率为 12%。实务当中通常承租方并不了解出租方的租赁内含利率，所以本题因租赁资产以公允价值为入账价值需重新计算融资费用分摊率，为方便计算将分摊率和内含利率分别作为给定条件，不要再按照分摊率的确定顺序另行确定）

（三）

1. 目的：练习融资租赁会计处理。

2. 资料：

2011 年 12 月 1 日，甲公司与乙公司签订了一份租赁合同。合同主要条款如下：

（1）租赁标的物：塑钢机。

（2）起租日：2012 年 1 月 1 日。

（3）租赁期：2012 年 1 月 1 日至 2014 年 12 月 31 日，共 36 个月。

（4）租金支付：自 2012 年 1 月 1 日，每隔 6 个月于月末支付租金 150 000 元。

（5）该机器的保险、维护等费用均由甲公司负担，估计每年约 10 000 元。

（6）该机器在 2011 年 12 月 1 日的公允价值为 700 000 元。

（7）租赁合同规定的利率为 7%（6 个月利率），乙公司租赁内含利率未知。

（8）甲公司在租赁谈判和签订租赁合同过程中发生可归属于租赁项目的手续费、差旅费 1 000 元。

（9）该机器的估计使用年限为 8 年，已使用 3 年，期满无残值。承租人采用年限平均法计提折旧。

（10）租赁期届满时，甲公司享有优惠购买该机器的选择权，购买价为 100 元，估计该日租赁资产的公允价值为 80 000 元。

（11）2013 年和 2014 年两年，甲公司每年按该机器所生产的产品——塑钢窗户的年销售收入的 5% 向乙公司支付经营分享收入。

3. 要求：

（1）租赁开始日是哪天？

（2）租赁期开始日是哪天？

（3）甲公司确认租赁类型的日期是哪天？

（4）作出承租方在租赁期开始日的会计处理。

（5）作出承租方未确认融资费用摊销及租金支付的会计处理。

（四）

1. 目的：练习售后租回的会计处理。

2. 资料:

假定 2013 年 12 月 31 日,A 公司将某大型机器设备按 1 050 000 元的价格销售给 B 租赁公司。该设备 2013 年 12 月 31 日的账面原值为 910 000 元,已计提折旧 10 000 元。同时又签订了一份租赁合同将该设备融资租回。在折旧期内按年限平均法计提折旧,并分摊未实现售后租回损益,资产的折旧期为 5 年。

3. 要求:

(1) 编制 A 公司 2013 年 12 月 31 日有关结转出售固定资产账面价值的会计分录。

(2) 计算 A 公司 2013 年 12 月 31 日未实现售后租回损益并编制有关会计分录。

(3) 编制 A 公司 2014 年 12 月 31 日在折旧期内按折旧进度(在本题中即年限平均法)分摊未实现售后租回损益的会计分录。

(五)

1. 目的:练习售后经营租回的会计处理。

2. 资料:

假设 2014 年 1 月 1 日,甲公司将公允价值为 3 100 万元的全新办公设备一套,按照 3 000 万元的价格售给乙公司,并立即签订了一份租赁合同,从乙公司租回该办公设备,租期为 4 年。办公设备原账面价值为 3 100 万元,预计使用年限为 25 年。租赁合同规定,在租期的每年年末支付租金 60 万元,假定在市场上租用同等的办公设备需每年年末支付租金 85 万元。租赁期满后乙公司收回办公设备使用权(假设甲公司和乙公司均在年末确认租金费用和经营租赁收入并且不存在租金逾期支付的情况)。

3. 要求:作出上述甲公司售后租回交易的会计处理(分录金额单位用万元表示)。

一、单项选择题

1. 甲公司于 2013 年 1 月 15 日取得一项无形资产，2014 年 6 月 7 日甲公司发现 2013 年对该项无形资产仅摊销了 11 个月。甲公司 2013 年度的财务会计报告已于 2014 年 4 月 12 日批准报出。假定该事项涉及的金额较大，不考虑其他因素，则甲公司正确的做法是(　　)。

A. 按照会计政策变更处理，调整 2013 年 12 月 31 日资产负债表的年初数和 2013 年度利润表、所有者权益变动表的上年数

B. 按照重要会计差错处理，调整 2014 年 12 月 31 日资产负债表的期末数和 2014 年度利润表、所有者权益变动表的本期数

C. 按照重要会计前期差错处理，调整 2014 年 12 月 31 日资产负债表的年初数和 2014 年度利润表、所有者权益变动表的上年数

D. 按会计估计变更处理，不需追溯重述

2. 对下列前期差错更正的会计处理，说法不正确的是(　　)。

A. 对于不重要的前期差错，应作为本期事项处理

B. 确定前期差错影响数不切实可行的，只能采用未来适用法

C. 企业应当在重要的前期差错发现当期的财务报表中，调整前期比较数据

D. 对于不重要的前期差错，企业不需要调整财务报表相关项目的期初数，但应调整发现当期的相关项目

3. 下列事项不属于会计估计变更的是(　　)。

A. 资产负债表日交易性金融资产按公允价值计量且其变动计入当期损益

B. 固定资产折旧方法由年限平均法变更为加速折旧法

C. 无形资产摊销期限由 10 年改为 6 年

D. 固定资产净残值率由 5% 改为 4%

4. 关于会计政策变更的累积影响数，下列说法不正确的有(　　)。

A. 计算会计政策变更累积影响数时，不需要考虑利润或股利的分配

B. 如果提供可比财务报表，则对于比较财务报表可比期间以前的会计政策变更累积影响数，应调整比较财务报表最早期间的期初留存收益

C. 如果提供可比财务报表，则对于比较财务报表期间的会计政策变更，应调整各该期间净损益各项目和财务报表其他相关项目

D. 累积影响数的计算不需要考虑所得税的影响

5. 企业发生的下列交易或事项中，不属于会计政策变更的是(　　)。

A. 建造合同收入的确认方法由完成合同法改为完工百分比法

B. 坏账损失的处理由直接转销法改为备抵法

C. 投资性房地产后续计量由公允价值模式改为成本模式

D. 因执行新准则将全部短期投资改为交易性金融资产核算

二、多项选择题

1. 以下各种情况，企业可以变更会计政策的有(　　)。

A. 因原采用的会计政策不能可靠地反映企业的真实情况而改变会计政策

B. 会计准则要求变更会计政策

C. 因更换了董事长而改变会计政策

D. 投资企业因被投资企业发生亏损而改变股权投资的核算方法

2. 下列各项中，应采用未来适用法处理会计政策变更的情况有(　　)。

A. 企业因账簿超过法定保存期限而销毁，引起会计政策变更累积影响数只能确定账簿保存期限内的部分

B. 企业账簿因不可抗力而毁坏，引起会计政策变更累积影响数无法确定

C. 会计政策变更累积影响数能够确定，但法律或行政法规要求对会计政策的变更采用未来适用法

D. 会计政策变更累积影响数能够合理确定，法律或行政法规要求对会计政策的变更采用追溯调整法

3. 下列有关会计估计变更的表述中，正确的有(　　)。

A. 会计估计变更，不改变以前期间的会计估计，也不调整以前期间的报告结果

B. 企业难以对某项变更区分为会计政策变更或会计估计变更的，应当将其作为会计估计变更处理

C. 企业难以对某项变更区分为会计政策变更或会计估计变更的，应当将其作为会计政策变更处理

D. 对于会计估计变更，企业应采用未来适用法进行会计处理

4. 企业发生的如下情形中，一般属于前期会计差错的有(　　)。

A. 固定资产盘亏　　　　　　　　　B. 以前期间会计舞弊

C. 以前期间漏提折旧　　　　　　　D. 固定资产盘盈

5. 企业发生的下列事项中，不应作为重要差错更正的有(　　)。

A. 由于地震使厂房使用寿命受到影响，调减了厂房的预计使用年限

B. 委托代销方式销售商品时在发出商品时确认了收入

C. 由于出现新技术，将专利权的摊销年限由 8 年改为 5 年

D. 鉴于当期利润完成状况不佳，将固定资产的折旧方法由双倍余额递减法改为直线法

三、判断题

1. 企业某项固定资产的折旧年限原预计使用寿命为 10 年，由于市场中新设备的出现，该资产总的使用寿命不足 8 年，该事项属于差错，按前期差错更正的规定进行会计处理。   （   ）

2. 固定资产的盘盈在未经批准前先记入待处理财产损溢科目，批准后再转入"营业外收入"科目核算。   （   ）

3. 企业应对固定资产预计使用寿命、预计净残值的调整按照会计估计变更的有关规定进行会计处理，而对于固定资产折旧方法的变更，则应作为会计政策变更处理。   （   ）

4. 如果会计政策变更的累积影响数能够合理确定，无论属于什么情况，均采用追溯调整法进行会计处理。   （   ）

5. 初次发生的交易或事项采用新的会计政策属于会计政策变更，应采用追溯调整法进行处理。   （   ）

四、简答题

1. 简述追溯调整法运用的一般步骤。

2. 简述企业应当在附注中披露哪些与前期差错更正有关的信息。

五、账务处理题

（一）

1. 目的：练习会计估计变更的处理。

2. 资料：

A 股份有限公司（以下简称 A 公司）为增值税一般纳税人，适用的增值税税率为 17%，适用的所得税税率为 25%。该公司按净利润的 10% 计提法定盈余公积，根据 2014 年 12 月 20 日董事会的决定，2014 年会计核算针对固定资产存在如下变更：

（1）生产设备：考虑到技术进步因素，自 2014 年 1 月 1 日起将一套生产设备的使用年限由 12 年改为 8 年；同时将折旧方法由平均年限法改为双倍余额递减法，该生产设备原价为 900 万元，已计提折旧 3 年，尚可使用年限为 5 年，预计净残值为零。

（2）管理用设备：公司 2011 年 12 月 20 日购入一台管理用设备，原始价值为 200 万元，原估计使用年限为 10 年，预计净残值为 4 万元，按双倍余额递减法计提折旧。由于固定资产所含经济利益预期实现方式的改变和技术因素的原因，已不能继续按原定的折旧方法、折旧年限计提折旧。A 公司于 2014 年 1 月 1 日将设备的折旧方法改为年限平均法，将设备的折旧年限由原来的 10 年改为 8 年，预计净残值仍为 8 万元。

上述两项资产均未计提减值准备。

3. 要求：

（1）判断上述变更属于会计估计变更还是会计政策变更。

（2）计算生产设备 2014 年变更前和变更后应计提的年折旧额。

（3）计算管理用设备 2012 年、2013 年应计提的年折旧额以及 2014 年变更前和变更后应计提的年折旧额。

（4）计算上述会计变更对 2014 年净利润的影响。

（二）

1. 目的：练习会计政策变更的处理。

2. 资料：

甲公司 2012 年、2013 年分别以 450 万元和 110 万元的价格从股票市场购入 A、B 两只以交易为目的的股票（假设不考虑购入股票发生的交易费用），市价一直高于购入成本。甲公司原采用成本与市价孰低法对购入股票进行计量。甲公司根据准则规定从 2014 年起对其以交易为目的购入的股票由成本与市价孰低法改为公允价值计量。甲公司保存的会计资料比较齐备，可以通过会计资料追溯计算。假设所得税税率为 25%，公司按净利润的 10% 提取法定盈余公积，按净利润的 5% 提取任意盈余公积。甲公司发行普通股 4 000 万股，未发行任何稀释性潜在普通股。两种方法计量的交易性金融资产账面价值如表 1-18-1 所示：

表 1-18-1 　　　　两种方法计量的交易性金融资产账面价值　　　　单位：万元

会计政策 股票	成本与市价孰低	2012 年年末公允价值	2013 年年末公允价值
A 股票	450	510	510
B 股票	110	—	130

3. 要求：

（1）计算改变交易性金融资产计量方法后的累积影响数，并填列表 1-18-2。

表 1-18-2 　　　　改变交易性金融资产计量方法后的累积影响数　　　　单位：万元

时　间	公允价值	成本与市价孰低	税前差异	所得税影响	税后差异
2012 年年末					
2013 年年末					
合　计					

（2）编制有关项目的调整分录。（答案中的金额单位用万元表示）

（3）填列对下列报表的调整数。

①资产负债表（见表1-18-3）。

表1-18-3　　　　　　　　　　　　**资产负债表（简表）**

编制单位：甲公司　　　　　　　　2014年12月31日　　　　　　　　单位：万元

资产	年初余额		负债和股东权益	年初余额	
	调整前	调整后		调整前	调整后
⋮			⋮		
交易性金融资产	560		递延所得税负债	0	
			⋮		
			盈余公积	170	
			未分配利润	400	
⋮			⋮		

②利润表（见表1-18-4）。

表1-18-4　　　　　　　　　　　　**利润表（简表）**

编制单位：甲公司　　　　　　　　2014年度　　　　　　　　单位：万元

项　目	本期金额	上期金额	
		调整前	调整后
公允价值变动收益		0	
⋮			
二、营业利润		390	
⋮			
四、净利润		420	

（三）

1. 目的：练习会计差错更正的处理。

2. 资料：

A公司为增值税一般纳税人，适用的增值税税率为17%。所得税采用资产负债表债务法核算，适用的所得税税率为25%，按净利润的10%提取法定盈余公积。A公司的财务总监于2014年3月末进行审查，此时2013年会计处理已经进行了结账，所得税纳税清缴尚未完成。

A公司的财务总监发现如下事项存在问题：

（1）A公司于2010年3月1日租入一项使用权，租赁期为2年，支付租金为30万元，计入2010年管理费用。财务总监发现该使用权租金应在租赁期限内分期计入管理费用。

（2）2012 年 3 月 1 日购入的一台生产用设备，公允价值为 300 万元，增值税税额为 51 万元将其作为当期费用处理。财务总监认为应将其作为固定资产处理，从 2012 年 4 月开始计提折旧，采用年限平均法，预计使用年限为 4 年，评估预计净残值为 0。

（3）2013 年 2 月购买低值易耗品 0.1 万元，管理人员将其领用，但未进行会计处理。A 公司的低值易耗品采用一次转销法进行处理。

（4）2013 年年末库存甲商品账面余额为 360 万元。经检查，甲材料的预计售价为 310 万元，预计销售费用和相关税金为 30 万元。由于疏忽，将预计售价误记为 410 万元，未计提存货跌价准备。

（5）2014 年 1 月 1 日 A 公司从其他企业中收购了 10 辆客用汽车，当日确认了客用汽车牌照专属使用权 80 万元，作为无形资产核算。但 A 公司从 1 月至今未对该无形资产进行摊销。经检查，客用汽车牌照专属使用权没有使用期限。假设按照税法规定，无法确定使用寿命的无形资产按不少于 10 年的期限摊销。

3. 要求：判断上述事项的处理是否正确，若不正确，请作出更正处理（合并编制结转利润分配的会计处理，答案中的金额单位用万元表示）。

学习情境十九 资产负债表日后事项

一、单项选择题

1. 资产负债表日后事项截止的时点是指(　　)。

A. 财务报告编制完成日　　　　　　B. 注册会计师审计完成日

C. 有权机关批准财务报告对外报出日　D. 股东大会召开日

2. 调整事项与非调整事项的共同点是(　　)。

A. 发生于资产负债表日至财务报告批准报出日之间

B. 存在于资产负债表日或以前

C. 与资产负债表日的存在状况无关

D. 均对财务报告的编制产生重大影响

3. 调整事项在进行调整处理时，不能调整的报表是(　　)。

A. 资产负债表　　　　　　　　　　B. 利润表

C. 现金流量表　　　　　　　　　　D. 所有者权益变动表

4. 资产负债表日后调整事项，应调整财务报表相关项目，但不包括(　　)项目的调整。

A. 提取盈余公积　　　　　　　　　B. 货币资金

C. 管理费用　　　　　　　　　　　D. 应交税费

5. 甲公司在 2014 年 2 月 2 日应收 B 企业账款 500 万元，双方约定在当年的 12 月 20 日偿还，但 12 月 20 日，B 企业宣告破产无法偿付欠款，在甲公司 2014 年 12 月 31 日的资产负债表中，对该笔 500 万元款项应(　　)。

A. 作为非调整事项处理　　　　　　B. 作为调整事项处理

C. 不需要反映　　　　　　　　　　D. 作为 2014 年发生的业务处理

二、多项选择题

1. 某上市公司财务报告批准报出日为 2014 年 4 月 20 日，该公司在 2014 年 3 月发生下列事项，应当作为资产负债表日后调整事项的有(　　)。

A. 发行债券筹资

B. 发现 2014 年度重大会计差错

C. 外汇汇率发生较大变动

D. 已确认为报告年度销售的货物，在资产负债表日后被退回

2. 在资产负债表日至财务报告批准报出日之间发生的下列事项中，属于资产负债表日后非调整事项的有(　　)。

A. 董事会制订财务报告所属期间的现金股利分派方案

B. 购买子公司

C. 发生火灾损失

D. 在资产负债表日前提起的诉讼，以不同于资产负债表日登记的金额结案

3. 发生资产负债表日后调整事项，应调整财务报表相关项目，包括（　　）。

A. 报告年度资产负债表相关项目的期末数

B. 报告年度利润表相关项目的本年数

C. 当期编制的资产负债表相关项目的年初数

D. 现金流量表的相关项目数字

4. 对于资产负债表日后非调整事项，应在财务报表附注中披露（　　）。

A. 重要的非调整事项的性质、内容

B. 重要的非调整事项对经营成果的影响

C. 重要的非调整事项对财务状况的影响

D. 重要的非调整事项对财务状况和经营成果的影响无法估计的，应当说明理由

5. 下列表述中，正确的有（　　）。

A. 调整事项是对资产负债表日已经存在的情况提供了新的或进一步证据的事项

B. 非调整事项是表明资产负债表日后发生的情况的事项

C. 调整事项和非调整事项的区别在于该事项表明的情况在资产负债表日或以前是否已经存在

D. 调整事项和非调整事项均包括有利事项和不利事项

三、判断题

1. 设置"以前年度损益调整"账户对资产负债表日后调整事项进行调整时，该账户余额应转入"利润分配——未分配利润"账户，结转后"以前年度损益调整"账户应无余额。　　　　　　　　　　　　　　　　　　（　　）

2. 企业某项固定资产在资产负债表日后因自然灾害发生重大损失，公司应将其作为调整事项。　　　　　　　　　　　　　　　　　　　　　　　（　　）

3. 资产负债表日至财务报告批准报出日之间发生的重大诉讼、仲裁，属于非调整事项。　　　　　　　　　　　　　　　　　　　　　　　　　　（　　）

4. 所有的资产负债表日后非调整事项，均应在财务报表附注中披露相关信息。　　　　　　　　　　　　　　　　　　　　　　　　　　　　　　（　　）

5. 资产负债表日后事项包括有利事项和不利事项，但它们的处理原则是不同的。　　　　　　　　　　　　　　　　　　　　　　　　　　　　　（　　）

四、简答题

1. 什么是资产负债表日后调整事项和非调整事项？它们有何区别与联系？

2. 简述资产负债表日后非调整事项包括的内容。

五、账务处理题

（一）

1. 目的：练习处理资产负债表日后事项。

2. 资料：

鸿运公司为上市公司，系增值税一般纳税人，适用的增值税税率为 17%，所得税税率为 25%，2013 年的财务会计报告于 2014 年 3 月 30 日经批准对外报出。2013 年所得税汇算清缴于 2014 年 4 月 6 日完成。该公司按净利润的 10% 计提盈余公积。自 2014 年 1 月 1 日至 3 月 30 日会计报表公布日前发生如下事项：

（1）2013 年 11 月 10 日销售给甲公司产品一批，价款 100 万元，增值税税率 17%，产品成本 70 万元，至 2014 年 12 月 31 日该款项尚未收到。鸿运公司未对该笔应收账款计提坏账准备。2014 年 1 月 15 日，因产品质量问题，鸿运公司收到甲公司退回的产品以及退回的增值税发票联、抵扣联。

（2）2013 年 12 月销售商品一批给乙公司，价款 500 万元，增值税税率 17%，产品成本 400 万元。在 2013 年 12 月 31 日债务人乙公司财务状况良好，没有任何财务状况恶化的信息，鸿运公司按照当时所掌握的资料，按应收账款的 2% 计提了坏账准备。2014 年 3 月 7 日，鸿运公司得知债务人乙公司 2014 年 2 月 21 日由于火灾发生重大损失，公司的应收账款极有可能收不回来。

（3）2014 年 3 月 15 日鸿运公司与丙公司达成协议，丙公司将其持有的 60% 的乙公司股权出售给鸿运公司，价款为 8 000 万元。

（4）2014 年 3 月 20 日公司董事会制订提请股东会批准的利润分配方案为：分派现金股利 300 万元，分派股票股利 400 万元。

3. 要求：请根据以上资料，完成以下任务：

（1）分析鸿运公司的资产负债表日后事项涵盖期间；

（2）判断鸿运公司的上述业务属于调整事项还是非调整事项，并根据调整事项作出会计处理。

（二）

1. 目的：练习处理资产负债表日后事项。

2. 资料：

天昌公司为上市公司，2013 年的财务会计报告于 2014 年 3 月 20 日经批准对外报出。2013 年所得税汇算清缴于 2014 年 4 月 15 日完成。该公司所得税税率为 25%，按净利润的 10% 计提盈余公积。自 2014 年 1 月 1 日至 3 月 20 日会计报表公布日前发生如下事项：

（1）2014 年 2 月 1 日，天昌公司获知正华公司被法院依法宣告破产，预计应收正华公司的款项 500 万元收回的可能性极小，应按全额计提坏账准备。天昌公司于 2013 年 12 月 31 日已被告知正华公司资金周转困难可能无法按期偿还债务，因而相应计提了坏账准备 100 万元。

（2）天昌公司持有的交易性金融资产中，有 100 万股属于持有长风公司的股票，该股票在 2013 年 12 月 31 日的市价为每股 5 元，当时取得时的实际成本为每股 6 元。在 2013 年 12 月 31 日天昌公司确认了该交易性金融资产的公允价值变动损失。2014 年 2 月 28 日长风公司的股票市价下跌，现行市价为每股 4 元。

（3）2014 年 2 月 20 日，天昌公司发现在 2013 年管理用固定资产漏提折旧 100 万元。

3. 要求：根据以上资料，判断上述业务属于调整事项还是非调整事项，并根据调整事项编制会计分录。

一、单项选择题

1. 下列各项中属于企业合并的是(　　)。

A. 购买子公司的少数股权

B. 两方或多方形成合营企业的企业合并

C. 仅通过合同而不是所有权份额将两个或者两个以上的企业合并形成一个报告主体的交易或事项

D. 企业 A 通过增发自身的普通股自企业 B 原股东处取得企业 B 的全部股权，该交易事项发生后，企业 B 仍持续经营

2. 下列关于同一控制下的控股合并和非同一控制下的控股合并中产生的差额的处理中，说法正确的是(　　)。

A. 同一控制下，合并方在合并中将差额调整所有者权益相关项目，不影响企业合并当期的利润表；非同一控制下，合并方在合并中将差额计入商誉和当期损益，计入当期损益时影响企业合并当期的利润表

B. 同一控制下和非同一控制下，合并方在合并中都将差额调整所有者权益相关项目，不影响企业合并当期的利润表

C. 同一控制下和非同一控制下，合并方在合并中都将差额计入商誉和当期损益，影响企业合并当期的利润表

D. 同一控制下，合并方在合并中将差额计入商誉和当期损益，影响企业合并当期的利润表；非同一控制下，合并方在合并中将差额调整所有者权益相关项目，不影响企业合并当期的利润表

3. 下列各项中不属于企业合并的是(　　)。

A. 企业 A 支付对价取得企业 B 的净资产，该交易事项发生后，撤销企业 B 的法人资格

B. 企业 A 通过增发自身的普通股自企业 B 原股东处取得企业 B 的全部股权，该交易事项发生后，企业 B 仍持续经营

C. 企业 A 以其资产作为出资投入企业 B，取得对企业 B 的控制权，该交易事项发生后，企业 B 仍维持其独立法人资格继续经营

D. 企业 A 收购企业 B 30% 的股权

4. 合并财务报表以(　　)为基础编制。

A. 原始凭证、编制记账凭证、登记会计账簿

B. 母、子公司的个别财务报表

C. 会计账簿

D. 记账凭证

5. 根据我国《企业会计准则第33号——合并财务报表》，合并财务报表的合并范围应当以(　　)为基础加以确定。

A. 重大影响　　　　　　　　　　　B. 共同控制

C. 控制　　　　　　　　　　　　　D. 既无控制也无重大影响或共同控制

6. 2014年9月子公司从母公司购入的150万元存货，本年全部没有实现销售，期末该批存货的可变现净值为105万元，子公司计提了45万元的存货跌价准备，母公司销售该存货的成本120万元，2014年年末在母公司编制合并报表时对该准备项目所作的抵销处理为(　　)。

A. 借：存货跌价准备　　　　　　　　　　　　　　　　　　30

　　　贷：资产减值损失　　　　　　　　　　　　　　　　　30

B. 借：资产减值损失　　　　　　　　　　　　　　　　　　15

　　　贷：存货跌价准备　　　　　　　　　　　　　　　　　15

C. 借：存货跌价准备　　　　　　　　　　　　　　　　　　45

　　　贷：资产减值损失　　　　　　　　　　　　　　　　　45

D. 借：未分配利润——年初　　　　　　　　　　　　　　　30

　　　贷：存货跌价准备　　　　　　　　　　　　　　　　　30

二、多项选择题

1. 下列关于控股合并日需要编制报表的表述中正确的有(　　)。

A. 同一控制下的合并报表的编制，包括合并资产负债表、合并利润表、合并现金流量表

B. 同一控制下的合并日需要调整合并资产负债表的期初数

C. 非同一控制下的合并报表的编制，包括合并资产负债表、合并利润表、合并现金流量表

D. 非同一控制下的合并日需要调整合并资产负债表的期初数

E. 非同一控制下的合并日只需要编制合并资产负债表，且不需要调整合并资产负债表的期初数

2. 关于非同一控制下控股合并购买日编制合并报表的说法中，正确的有(　　)。

A. 合并资产负债表中取得的被购买方各项资产和负债按照公允价值确认

B. 合并前留存收益中归属于合并方的部分应自合并方的资本公积转入留存收益

C. 不需要将合并前留存收益中归属于合并方的部分自合并方的资本公积转入留存收益

D. 购买方合并成本大于取得被购买方可辨认净资产公允价值份额的差额确认

为合并商誉

E. 购买方合并成本大于取得被购买方可辨认净资产账面价值的差额确认为合并商誉

3. 可以不纳入合并范围的子公司的有（　　　）。

A. 已准备关停并转的子公司

B. 按照破产程序，已宣告被清理整顿的子公司

C. 已宣告破产的子公司

D. 准备近期售出而短期持有其半数以上的表决权资本的子公司

E. 非持续经营的所有者权益为负数的子公司

4. 按会计准则规定，以下关于同一控制下企业合并的理解中正确的有（　　　）。

A. 同一控制下企业合并，需要确认新的商誉

B. 同一控制下企业合并，需要确认被合并方原有商誉

C. 同一控制下企业合并，不确认新的商誉

D. 同一控制下企业合并，不确认被合并方原有商誉

E. 同一控制下企业合并，既需要确认被合并方原有商誉，又需要确认新形成的商誉

5. 确定非同一控制下企业合并的购买日，以下必须同时满足的条件有（　　　）。

A. 合并合同或协议已获股东大会等内部权力机构通过

B. 已获得国家有关主管部门审批

C. 已办理了必要的财产权交接手续

D. 购买方已支付了购买价款的大部分（一般应超过50%），并且有能力支付剩余款项

E. 购买方实际上已经控制了被购买方的财务和经营政策，并享有相应的收益和风险

6. 子公司上期将其成本为80万元的一批产品销售给母公司，销售价格为100万元，母公司上期购入该产品都形成存货，本期母公司上期从子公司购入的该产品仅对外销售了40%，另外60%依然为存货。母公司本期期末编制合并报表时，母公司应作的抵销分录为（　　　）。

A. 借：未分配利润——期初　　　　　　　　　　　　　　　　20

　　　贷：营业成本　　　　　　　　　　　　　　　　　　　　20

B. 借：营业收入　　　　　　　　　　　　　　　　　　　　100

　　　贷：营业成本　　　　　　　　　　　　　　　　　　　100

C. 借：营业成本（（100-80）×60%）　　　　　　　　　　12

　　　贷：存货　　　　　　　　　　　　　　　　　　　　　12

D. 借：存货　　　　　　　　　　　　　　　　　　　　　　5

　　　贷：未分配利润——期初　　　　　　　　　　　　　　　5

E. 借：未分配利润——期初（（100-80）×40%）　　　　　　8

　　贷：存货　　　　　　　　　　　　　　　　　　　　　　8

三、判断题

1. 企业集团中的母公司不需要编制自身的个别财务报表，只需要编制合并财务报表。　　　　　　　　　　　　　　　　　　　　　　　　　　　（　　）

2. 合并财务报表是以母、子公司的个别财务报表为基础编制的。因此，它并不需要在现行会计核算方法体系之外单独设置一套账簿体系。　　　　　　（　　）

3. 企业编制合并财务报表同编制个别财务报表一样，从设置账簿、审核原始凭证、编制记账凭证、登记会计账簿到编制财务报表，都有一套完整的会计核算方法体系。　　　　　　　　　　　　　　　　　　　　　　　　　　（　　）

4. 母公司通过子公司间接拥有半数以上表决权资本的被投资单位不应纳入合并报表范围。　　　　　　　　　　　　　　　　　　　　　　　　　　（　　）

5. 准备近期售出而短期持有其半数以上的表决权资本的子公司应纳入合并报表范围。　　　　　　　　　　　　　　　　　　　　　　　　　　　（　　）

6. 持续经营的所有者权益为负数的子公司可以不纳入合并报表范围。（　　）

四、简答题

1. 什么是购买法？什么是权益结合法？分别分析其适应于什么类型合并的核算。

2. 什么是合并财务报表？怎样确定纳入合并财务报表的成员企业范围？

五、账务处理题

（一）

1. 目的：练习非同一控制下企业合并的处理。

2. 资料：

A 公司与 B 公司属于不同的企业集团，两者之间不存在关联关系。2014 年 12 月 31 日，A 公司发行 500 万股股票（每股面值 1 元）作为对价取得 B 公司的全部股权，该股票的公允价值为 2 000 万元。购买日，B 公司有关资产、负债情况如表 1-20-1 所示：

表 1-20-1 B 公司有关资产、负债情况 单位：万元

账户名称	项目账面价值	公允价值
银行存款	500	500
固定资产	1 500	1 650
长期应付款	250	250
净资产	1 750	1 900

3．要求：

（1）假设该合并为吸收合并，对 A 公司进行账务处理。

（2）假设该合并为控股合并，对 A 公司进行账务处理。

（二）

1．目的：练习控制权取得日同一控制下合并抵销的处理。

2．资料：

A 公司与 B 公司同受 C 公司控制，假设 2015 年 1 月 1 日 A 公司支付现金 360 000 元收购 B 公司 100%的股权，已知合并日 B 公司的所有者权益账面价值为 360 000 元。有关 A 公司与 B 公司在合并日的个别资产负债表数据如表 1-20-2 所示：

表 1-20-2 资产负债表 单位：元

资　产	A 公司	B 公司	负债和所有者权益	A 公司	B 公司
货币资金	240 000	180 000	短期借款	180 000	120 000
应收账款	120 000	60 000	应付款项	60 000	60 000
存货	180 000	120 000	应付职工薪酬	120 000	60 000
长期股权投资			长期借款	480 000	180 000
对子公司投资	360 000		实收资本	600 000	120 000
其他长期股权投资	300 000		资本公积	300 000	96 000
固定资产	540 000	120 000	盈余公积	240 000	72 000
无形资产	360 000	300 000	未分配利润	120 000	72 000
资产总计	2 100 000	780 000	负债和所有者权益总计	2 100 000	780 000

3．要求：编制合并日的合并抵销分录和合并资产负债表。

（三）

1．目的：练习非同一控制下企业合并报表的处理。

2．资料：

甲上市公司为扩大生产经营规模，实现生产经营的互补，2014 年 1 月合并了乙公司。甲公司与乙公司均为增值税一般纳税人，适用的增值税税率为 17%。除特别注明外，产品销售价格均为不含增值税的公允价值。有关情况如下：

（1）2014 年 1 月 1 日，甲公司通过发行 2 000 万普通股（每股面值 1 元，市价为 4.2 元）取得了乙公司 80% 的股权，并于当日开始对乙公司的生产经营决策实施控制。

①合并前，甲、乙公司之间不存在任何关联方关系。

②2014 年 1 月 1 日，乙公司各项可辨认资产、负债的公允价值与其账面价值相同，可辨认净资产公允价值及账面价值的总额均为 9 000 万元（见表 1-20-3 乙公司所有者权益简表）。

③乙公司 2014 年实现净利润 900 万元，除实现净利润外，未发生其他影响所有者权益变动的交易或事项，当年度也未向投资者分配利润。2014 年 12 月 31 日所有者权益总额为 9 900 万元（见表 1-20-3）。

表 1-20-3　　　　　　　　　　乙公司所有者权益简表　　　　　　　　　单位：万元

项目	金额（2014 年 1 月 1 日）	金额（2014 年 12 月 31 日）
股本	4 000	4 000
资本公积	2 000	2 000
盈余公积	1 000	1 090
未分配利润	2 000	2 810
合　计	9 000	9 900

（2）2014 年甲、乙公司发生的内部交易或事项如下：

① 2 月 15 日，甲公司以每件 4 万元的价格自乙公司购入 200 件 A 商品，款项于 6 月 30 日支付，乙公司 A 商品的成本为每件 2.8 万元。至 2014 年 12 月 31 日，该批商品已售出 80%，销售价格为每件 4.3 万元。

② 4 月 26 日，乙公司以面值公开发行一次还本付息的企业债券，甲公司购入 600 万元，取得后作为持有至到期投资核算（假定甲公司及乙公司均未发生与该债券相关的交易费用），因实际利率与票面利率相差较小，甲公司采用票面利率来计算确认 2014 年利息收入 23 万元，计入持有至到期投资账面价值。

乙公司将与该债券相关的利息支出计入财务费用，其中与甲公司所持有部分相对应的金额为 23 万元。

③ 6 月 29 日，甲公司出售一件产品给乙公司作为管理用固定资产使用，该产品在甲公司的成本为 600 万元，销售给乙公司的售价为 720 万元，乙公司取得该固定资产后，预计使用年限为 10 年，按照年限平均法计提折旧，预计净残值为 0，假定税法规定的折旧年限、折旧方法及净残值与会计规定相同。

至 2014 年 12 月 31 日，乙公司尚未支付该购入设备款，甲公司对该项应收账款计提坏账准备 36 万元。

④ 1 月 1 日，甲公司与乙公司签订协议，自当日起有偿使用乙公司的某块场地，使用期 1 年，使用费用为 60 万元，款项于当日支付，乙公司不提供任何后续

服务。甲公司将该使用费作为管理费用核算。乙公司将该使用费收入全部作为其他业务收入。

⑤ 甲公司于 2014 年 12 月 26 日与乙公司签订商品购销合同，并于当日支付合同预付款 180 万元。至 2014 年 12 月 31 日，乙公司尚未供货。

（3）其他有关资料：

①不考虑甲公司发行股票过程中的交易费用。

②甲、乙公司均按照净利润的 10% 提取法定盈余公积。

③本题中涉及的有关资产均未出现减值迹象。

④本题中甲公司及乙公司均采用资产负债表债务法核算所得税费用，编制合并财务报表时，对于与抵销的内部交易相关的递延所得税，不要求进行调整。

3. 要求：

（1）判断上述企业合并的类型（同一控制下企业合并或非同一控制下企业合并），并说明原因。

（2）确定甲公司对乙公司长期股权投资的初始投资成本，并编制确认长期股权投资的会计分录。

（3）确定甲公司对乙公司长期股权投资在 2014 年 12 月 31 日的账面价值。

（4）编制甲公司 2014 年 12 月 31 日合并乙公司财务报表对长期股权投资的调整分录。

（5）编制甲公司 2014 年 12 月 31 日合并乙公司财务报表的抵销分录（不要求编制与合并现金流量表相关的抵销分录，分录中的金额单位用万元表示）。

一、单项选择题

1. 《企业会计准则第 13 号——或有事项》准则中的"基本确定"这一结果的可能性对应的概率为（　　）。

A. 大于 95% 但小于 100%　　　　B. 大于 50% 但小于或等于 95%

C. 大于 5% 但小于或等于 50%　　D. 大于 0 但小于或等于 5%

2. 确定一项资产是货币性资产还是非货币性资产的主要依据是（　　）。

A. 是否可以给企业带来经济利益

B. 是否具有流动性

C. 是否为出售而持有

D. 将为企业带来的经济利益是否是固定或可确定的

3. 2014 年 3 月 31 日，甲公司应付某金融机构一笔贷款 100 万元到期，因发生财务困难，短期内无法支付，当日，甲公司与金融机构签订债务重组协议，约定减免甲公司债务的 20%，其余部分延期两年支付，年利率为 5%（相当于实际利率），利息按年支付。金融机构已为该项贷款计提了 10 万元坏账准备，假定不考虑其他因素，甲公司在该项债务重组业务中确认的债务重组利得为（　　）万元。

A. 10　　　　　　　　　　　　B. 12

C. 16　　　　　　　　　　　　D. 20

4. 生产经营期间，如果某项固定资产的购建发生非正常中断，并且中断时间超过 3 个月（含 3 个月），应当将中断期间所发生的借款费用，记入（　　）科目。

A. 长期待摊费用　　　　　　　B. 在建工程

C. 营业外支出　　　　　　　　D. 财务费用

5. 某中外合资经营企业注册资本为 400 万美元，合同约定分两次投入，约定折算汇率为 1∶6.5。中、外投资者分别于 2014 年 1 月 1 日和 3 月 1 日投入 300 万美元和 100 万美元。2014 年 1 月 1 日、3 月 1 日、3 月 31 日和 12 月 31 日美元对人民币的汇率分别为 1∶6.10、1∶6.15、1∶6.20 和 1∶6.15。假定该企业采用人民币作为记账本位币，外币业务采用业务发生日的汇率折算。该企业 2014 年年末资产负债表中"实收资本"项目的金额为人民币（　　）万元。

A. 2 600　　　　　　　　　　B. 2 445

C. 2 460　　　　　　　　　　D. 2 450

6. 甲公司 2014 年 3 月在上年度财务报告批准报出后，发现 2012 年 5 月购入并开始使用的一台管理用固定资产一直未计提折旧。该固定资产 2012 年应计提折旧

120 万元，2013 年应计提折旧 180 万元。甲公司对此重大差错采用追溯重述法进行会计处理。假定甲公司按净利润的 10% 提取法定盈余公积，不考虑其他因素。甲公司 2014 年度所有者权益变动表"本年金额"中"年初未分配利润"项目应调减的金额为（   ）万元。

    A. 270　　　　　　　　　　　　B. 300

    C. 108　　　　　　　　　　　　D. 162

7. 某上市公司 2013 年度财务报告于 2014 年 1 月 20 日编制完成，注册会计师签署审计报告的日期为 2014 年 3 月 20 日，经董事会批准财务报告对外公布的日期为 4 月 1 日，实际对外公布的日期为 4 月 10 日，资产负债表日后事项所涵盖的期间为（   ）。

    A. 2014 年 1 月 1 日至 2014 年 1 月 20 日

    B. 2014 年 1 月 1 日至 2014 年 3 月 20 日

    C. 2014 年 1 月 1 日至 2014 年 4 月 1 日

    D. 2014 年 1 月 1 日至 2014 年 4 月 10 日

8. 甲公司用一项账面余额为 600 000 元、累计摊销为 300 000 元、公允价值为 350 000 元的专利权，与丙公司交换一台账面原始价值为 500 000 元、累计折旧为 280 000 元、公允价值为 320 000 元的机床。甲公司发生相关税费 18 000 元，收到丙公司支付的补价 30 000 元。在非货币性资产交换具有商业实质，且换入资产的公允价值能够可靠计量的情况下，甲企业换入该项设备的入账价值为（   ）元。

    A. 340 000　　　　　　　　　　B. 350 000

    C. 338 000　　　　　　　　　　D. 355 000

9. 在判断下列资产是否存在可能发生减值的迹象时，不能单独进行减值测试的是（   ）。

    A. 长期股权投资　　　　　　　B. 专利技术

    C. 商誉　　　　　　　　　　　D. 金融资产

10. 下列各项中，不属于初始直接费用的是（   ）。

    A. 租赁合同的印花税　　　　　B. 履约成本

    C. 差旅费　　　　　　　　　　D. 佣金

二、多项选择题

1. 下列各项资产减值准备中，一经确认在相应资产持有期间内均不得转回的有（   ）。

    A. 坏账准备　　　　　　　　　B. 固定资产减值准备

    C. 存货跌价准备　　　　　　　D. 投资性房地产减值准备

2. 同一控制下的控股合并，在合并日编报合并报表正确的有（   ）。

    A. 合并资产负债表中被合并方的各项资产、负债按其账面价值计量

B. 合并资产负债表中被合并方的各项资产、负债按其公允价值计量

C. 合并留存收益为合并方自身和享有被合并方留存收益份额的合计数确定

D. 合并留存收益为合并方自身留存收益

3. 下列事项中，属于资产负债表日后非调整事项的有（　　　）。

A. 资产负债表日后事项期间重大诉讼案件结案，判决证实了企业在资产负债表日已经存在的现时义务

B. 资产负债表日后事项期间发生重大诉讼案件

C. 资产负债表日后事项期间资本公积转增资本

D. 甲公司应收乙公司一笔账款，由于乙公司有可能破产清算，甲公司按40%计提了坏账准备，资产负债表日后事项期间乙公司宣告破产，甲公司估计应收债权全部不能收回

E. 甲公司应收乙公司一笔债权，乙公司财务状况良好，甲公司预计该笔应收账款可以按时收回，资产负债表日后事项期间乙公司由于发生自然灾害导致重大损失，甲公司估计该笔应收账款全部不能收回

4. 上市公司的下列各项目中，不属于会计政策变更的有（　　　）。

A. 投资性房地产由成本模式改为公允价值计量模式

B. 因开设门市部而将库存中属于零售商品的部分，按实际成本核算改按售价核算

C. 根据企业会计准则规定，存货的期末计价由按成本计价改按成本与可变现净值孰低法计价

D. 因投资目的改变，将短期投资改为长期投资

E. 将固定资产的折旧方法由直线法改为年数总和法

5. 下列各项中，符合会计准则规定的会计政策变更的有（　　　）。

A. 根据会计准则、规章的要求而变更会计政策

B. 为提供更可靠、更相关的信息采用新的会计政策

C. 对初次发生的事项采用新的会计政策

D. 本期发生的交易或事项与以前相比具有本质差别而采用新的会计政策

E. 对不重要的交易或事项采用新的会计政策

6. 企业判断为融资租赁的标准中，下列表述正确的有（　　　）。

A. 在租赁期届满时，租赁资产的所有权转移给承租人，判断为融资租赁

B. 承租人有购买租赁资产的选择权，所订立的购价预计远低于行使选择权时租赁资产的公允价值，判断为融资租赁

C. 租赁期÷租赁开始日租赁资产尚可使用年限≥75%，故判断为融资租赁

D. 最低租赁付款额现值或最低租赁收款额现值占租赁资产原账面价值的90%以上（含90%）则从出租人角度或从承租人角度，该项租赁应被认定为融资租赁

7. 根据准则规定，下列各项中，属于或有事项的有（　　　　）。

A. 某公司为其子公司的贷款提供担保

B. 某单位为其他企业的贷款提供担保

C. 某企业以财产作抵押向银行借款

D. 某公司被国外企业提起诉讼

8. 如果清偿因或有事项而确认的负债所需支出全部或部分预期由第三方补偿，下列说法中正确的有（　　　）。

A. 补偿金额只能在基本确定收到时，作为资产单独确认，且确认的补偿金额不应超过所确认负债的账面价值

B. 补偿金额只能在很可能收到时，作为资产单独确认，且确认的补偿金额不应超过所确认负债的账面价值

C. 补偿金额在基本确定收到时，企业应按所需支出扣除补偿金额确认负债

D. 补偿金额在基本确定收到时，企业应按所需支出确认预计负债，而不能扣除补偿金额

三、判断题

1. 资产负债表日后发现报告期或以前期间存在的财务报表舞弊或差错，应当将其作为资产负债表日后调整事项。（　　　）

2. 由于经济环境的改变而变更会计政策的，无论会计政策变更的影响数是否能合理确定，均应采用未来适用法进行会计处理。（　　　）

3. 租赁开始日是指租赁协议日与租赁各方就主要条款作出承诺日中的较晚者。（　　　）

4. 在采用时态法进行外币报表折算时，以成本计价的存货应当以历史汇率折算。（　　　）

5. 因或有事项相关义务确认的预计负债的计税基础=账面价值。（　　　）

6. 资产减值准则中所涉及的资产是指企业所有的资产。（　　　）

7. 非货币性交易准则规范了所有非货币性交易，包括企业合并中发生非货币性交易。（　　　）

8. 只要债权人对债务人的债务作出了让步，不管债务人是否发生财务困难，都属于准则所定义的债务重组。（　　　）

9. 借款费用应予资本化的借款范围只包括专门借款。（　　　）

10. 企业对处于恶性通货膨胀经济中的境外经营的财务报表进行折算时，对资产负债表项目运用一般物价指数予以重述。（　　　）

四、账务处理题

1. 甲公司 2013 年度的财务报告于 2014 年 4 月 30 日批准对外报出。有关资料

如下：

（1）2013 年 12 月 1 日，乙公司收到法院通知，甲公司状告乙公司侵犯其专利权。甲公司认为，乙公司未经其同意，在其试销的新产品中采用了甲公司的专利技术，甲公司要求乙公司停止该项新产品的生产和销售，并赔偿损失 200 万元，甲公司 2013 年 12 月 31 日，如果根据有关分析测试情况及法律顾问的意见，认为新产品很可能侵犯了甲公司的专利权，乙公司估计败诉的可能性为 60%，胜诉的可能性为 40%；如败诉，赔偿金额估计为 150 万～225 万元，并需要支付诉讼费用 3 万元（假定此事项中败诉一方承担诉讼费用，甲公司在起诉时并未垫付诉讼费）。此外乙公司通过测试情况认为该新产品的主要技术部分是委托丙公司开发的，经与丙公司反复协商，乙公司基本确定可以从丙公司获得赔偿 75 万元。截至 2013 年 12 月 31 日，诉讼尚处在审理当中。

（2）2014 年 2 月 15 日，法院判决乙公司向甲公司赔偿 172.50 万元，并负担诉讼费用 3 万元。甲公司和乙公司不再上诉。

（3）2014 年 2 月 16 日，乙公司支付对甲公司的赔偿款和法院诉讼费用。

（4）2014 年 3 月 17 日，乙公司从丙公司获得赔偿 75 万元。

要求：

（1）编制甲公司有关会计分录；

（2）编制乙公司有关会计分录。（答案中金额以万元为单位，假定不考虑所得税的影响）

2. 甲公司销售一批商品给乙公司，含税价款 800 万元，乙公司到期无力支付款项，甲公司同意乙公司将其拥有的一项库存商品和一项无形资产用于抵偿该债务。

（1）乙公司库存商品的账面余额 400 万元，已计提存货跌价准备 10 万元，公允价值为 500 万元，增值税税率为 17%。

（2）无形资产的原值为 100 万元，已累计摊销 20 万元，公允价值为 200 万元，营业税为 10 万元。

（3）甲公司为该项应收账款计提 20 万元坏账准备。

（4）交换前后不改变用途，假定不考虑其他相关税费。

要求：分别编制债务人和债权人的会计分录。

五、综合题

A 股份有限公司（以下简称 A 公司）和 B 公司不属于同一控制下的两个公司，适用的增值税税率均为 17%，均按净利润的 10% 提取法定盈余公积。所得税采用资产负债表债务法核算，适用的所得税税率均为 25%。2012—2014 年有关资料如下：

1. 2012 年 1 月 1 日用银行存款 750 万元购入 B 公司 30% 的股权，对 B 公司能够施加重大影响，采用权益法核算对 B 公司的投资。当日 B 公司可辨认净资产公允价值为 2 400 万元（假定与账面所有者权益相等）。

2.2012 年 B 公司实现净利润 450 万元，无其他影响所有者权益账面价值的变动事项。

3.2013 年 1 月 1 日用银行存款 920 万元，又取得 B 公司 30% 的股权，从而能够对 B 公司实施控制。

2013 年 1 月 1 日，B 公司的股东权益为 2 850 万元，其中股本为 1 500 万元，资本公积为 850 万元，盈余公积 50 万元，未分配利润 450 万元。

2013 年 1 月 1 日，B 公司除一台管理用固定资产和一项无形资产（商标权）的公允价值和账面价值不同外，其他资产和负债的公允价值与账面价值相同。该项固定资产的公允价值为 500 万元，账面价值为 400 万元，预计尚可使用年限为 10 年，采用年限平均法计提折旧，无残值；该项无形资产的公允价值为 300 万元，账面价值为 250 万元，预计尚可使用年限为 5 年，采用直线法摊销，无残值。2013 年 1 月 1 日，B 公司可辨认净资产的公允价值为 3 000 万元。

4.2013 年和 2014 年 B 公司有关资料如下：

2013 年实现净利润 220 万元，分派现金股利 50 万元；2014 年实现净利润 320 万元，分派现金股利 60 万元，2014 年 12 月 1 日取得的一项可供出售金融资产，其成本为 200 万元，2014 年 12 月 31 日，其公允价值为 220 万元。除上述事项外，B 公司的所有者权益未发生其他增减变化。

5. A 公司与 B 公司 2013 年度发生的内部交易如下：

（1）A 公司 2013 年 7 月 1 日按面值发行两年期债券 2 000 万元，其中 500 万元出售给 B 公司。债券票面年利率为 4%，到期一次还本付息。A 公司发行债券所筹集的资金用于在建工程。B 公司将其作为持有至到期投资。假定票面利率与实际利率相同。工程项目于 2013 年 7 月 1 日开始资本化，至 2014 年 12 月 31 日尚未达到预定可使用状态。

（2）B 公司 2013 年出售库存 X 商品 100 件给 A 公司，每件售价（不含增值税）为 8 万元，每件成本为 6 万元，相关账款已结清。A 公司从 B 公司购入的上述库存 X 商品至 2013 年 12 月 31 日尚有 60 件未出售给集团外部单位，至 2014 年 12 月 31 日尚有 20 件未出售给集团外部单位。

（3）A 公司 2013 年 6 月 30 日将其生产的一件产品出售给 B 公司，售价为 234 万元（含增值税），成本为 176 万元，B 公司另支付途中运费和保险费 6 万元。B 公司将其购入后投入行政管理部门使用，预计使用年限为 4 年，采用直线法计提折旧，预计净残值为零。

假定：（1）编制合并财务报表调整分录和抵销分录时不考虑递延所得税的影响；（2）权益法核算时不考虑内部交易。

要求：

（1）根据资料 1、2，编制 A 公司 2012 年对 B 公司投资采用权益法核算的会计分录；

（2）根据资料 1、2 和 3，编制 A 公司 2013 年 1 月 1 日由权益法改为成本法核算的会计分录；

（3）根据资料 4，编制 A 公司 2013 年和 2014 年成本法核算的会计分录；

（4）根据资料 3、5，在合并财务报表中分别编制 2013 年和 2014 年对子公司个别报表进行调整的会计分录，假定合并日固定资产、无形资产的公允价值与账面价值的差额均通过"资本公积"调整；

（5）根据资料 3、5，分别编制 2013 年和 2014 年母公司按权益法进行调整的会计分录；

（6）根据资料 3、4 和 5 分别编制 2013 年和 2014 年与合并财务报表有关的抵销分录。

一、目的

练习工业企业主要经营过程的核算。

二、资料

（一）黄龙公司 2014 年总分类账户的有关数据如下：

黄龙公司 2014 年 11 月份总分类账户

账户	11 月份期末余额	
	借方	贷方
库存现金	6 450	
银行存款	138 600	
应收账款	117 800	
坏账准备		5 000
其他应收款	4 000	
原材料	42 000	
库存商品	65 000	
固定资产	260 550	
累计折旧		27 000
短期借款		50 000
应付账款		218 000
应付利息		3 000
实收资本		100 000
资本公积		13 000
盈余公积		7 250
本年利润		35 600
利润分配		175 550
合计	634 400	634 400

（二）该公司 2014 年 12 月份发生下列经济业务：

1.12 月 1 日，从银行取得期限为六个月、年利率为 9% 的借款 50 000 元存入银行。

2.12 月 2 日，购入中兴股票 1 万股，每股市价 3 元，手续费 200 元。

3.12 月 2 日，公出人员张华报销差旅费 1 180 元，余款退回现金（原借款 1 500元）。

4.12 月 5 日，采购员魏亮从宁海购入甲材料 2 000 千克，单价 9 元；乙材料 1 200千克，单价 4 元。发票（号码 0398521）注明的增值税额为 3 876 元，价税款未付。

5.12 月 5 日，用银行存款 3 200 元支付甲、乙材料外地运费，按重量分配。材料验收入 1 号库，保管员张维新（以下业务同）结转成本。

6.12 月 8 日，1 号仓库发出材料，其发出材料汇总表如下所示：

发出材料汇总表　　　　　　　　　　　　　　　　　单位：元

用　途	甲材料	乙材料	合　计
生产产品耗用	16 000	4 500	20 500
其中：A 产品	10 000	2 500	12 500
B 产品	6 000	2 000	8 000
车间一般消耗	2 000	500	2 500
公司管理部门消耗	1 000	—	1 000
合　计	19 000	5 000	24 000

7.12 月 10 日，黄龙公司以生产用的一台设备交换东方公司的一辆货车。黄龙公司设备账面原值 100 000 元，在交换日累计折旧 20 000 元，公允价值 60 000 元。东方公司货车在交换日公允价值为 60 000 元。设备和货车都是在 2012 年初购入。交换过程中，发生相关税费支出 200 元。

8.12 月 12 日，黄龙公司应收西门公司账款 50 000 元。西门公司由于发生财务困难，无法按照规定期限偿还债务。双方经协商进行债务重组。重组协议规定，黄龙公司同意减免西门公司 10 000 元债务。余额用现金清偿。黄龙公司于 12 日收到余额款项。此前，黄龙公司已就该项债权计提坏账准备 5 000 元。

9.12 月 14 日，从银行提取现金 58 000，备发工资。

10.12 月 15 日，以现金发放本月工资 58 000 元。

11.12 月 22 日，支付财产保险费 600 元。

12.12 月 24 日，卖出中兴公司股票 1 万股，每股市价 5.5 元，手续费 220 元。

13.12 月 26 日，用银行存款支付本月水电费。其中车间 1 600 元，公司管理部门 800 元。

14.12 月 26 日，接受南光公司投资 200 000 元，其中：全新固定资产 150 000 元，银行存款 50 000 元。

15.12 月 30 日，月末分配工资费用，其中：A 产品生产工人工资 26 000 元，B 产品生产工人工资 14 000 元，车间管理人员工资 10 000 元，公司管理人员工资 8 000元。

16. 12 月 30 日，按各自工资总额的 14% 计提福利费。

17. 12 月 30 日，计提本月固定资产折旧，其中：车间设备折旧 1 700 元，公司管理部门设备折旧 1 300 元。

18. 12 月 30 日，用银行存款 15 000 元支付排污超标罚款。

19. 12 月 30 日，用现金 600 元支付招待费。

20. 12 月 30 日，以现金支付职工生活困难补助 3 265 元。

21. 12 月 30 日，将本月发生的制造费用按生产工人工资比例分配计入 A、B 产品成本。

22. 12 月 30 日，本月生产的 A 产品 20 台全部完工，验收入库，结转成本（假定没有期初、期末在产品）。

23. 12 月 30 日，本月销售给润扬公司 A 产品 18 台，单价 5 600 元，增值税 17 136 元款项尚未收到。

24. 12 月 30 日，经计算本月应缴纳的消费税为 800 元。

25. 12 月 30 日，用银行存款支付销售 A 产品的相关费用 500 元。

26. 12 月 30 日，结转本月已销 A 产品成本 47 988 元。

27. 12 月 30 日，用银行存款结算借款利息 900 元。

28. 12 月 30 日，将本月发生的各项收入和支出转入"本年利润"账户。

29. 12 月 30 日，按全年利润总额的 25% 计算所得税并予以结转。

30. 12 月 30 日，按全年税后利润的 10% 提取法定盈余公积。

31. 12 月 30 日，按全年税后利润的 15% 计算向投资者分配的利润。

32. 12 月 30 日，将"本年利润"账户余额转入"利润分配"中，同时将"利润分配"账户下有关明细账户余额转入"未分配利润"明细账户。

三、要求

1. 编制本月业务的会计分录；

2. 编制本月的资产负债表和利润表。

第二部分

参考答案

一、单项选择题

1. C　2. C　3. C　4. D　5. D　6. A　7. C　8. B　9. A　10. B　11. A　12. D
13. B　14. B　15. D　16. B　17. B　18. C　19. D　20. B

二、多项选择题

1. ABCD　2. ACD　3. BCD　4. AD　5. BC　6. ABD　7. BD　8. AB　9. ABCD
10. ABC　11. ABCD　12. BC　13. AD　14. ABCD　15. BCD　16. ABC　17. BD
18. ABC　19. CD　20. ABCD

三、判断题

1. ×　2. ×　3. √　4. ×　5. √　6. √　7. ×　8. ×　9. √　10. ×　11. √　12. ×
13. √　14. ×　15. ×　16. ×　17. √　18. √　19. √　20. √

四、业务题

（一）甲公司 2014 年 11 月份发生经济业务（部分）的会计分录如下：

1. 借：管理费用　　　　　　　　　　　　　　　　　　　　900
　　贷：库存现金　　　　　　　　　　　　　　　　　　　　　　　900
2. 借：制造费用　　　　　　　　　　　　　　　　　　　3 500
　　　销售费用　　　　　　　　　　　　　　　　　　　1 500
　　贷：银行存款　　　　　　　　　　　　　　　　　　　　　5 000
3. 借：固定资产——设备　　　　　　　　　　　　　　21 000
　　贷：实收资本　　　　　　　　　　　　　　　　　　　　21 000
4. 借：主营业务成本　　　　　　　　　　　　　　　　　8 000
　　贷：库存商品　　　　　　　　　　　　　　　　　　　　　8 000
5. 借：管理费用　　　　　　　　　　　　　　　　　　10 000
　　　制造费用　　　　　　　　　　　　　　　　　　30 000
　　贷：累计折旧　　　　　　　　　　　　　　　　　　　　40 000

（二）A公司为增值税一般纳税人，2014年12月份发生业务的会计分录如下：

1. 借：原材料   5 000

    应交税费——应交增值税（进项税额）   850

    贷：银行存款   5 850

2. 借：银行存款   58 500

    贷：主营业务收入   50 000

        应交税费——应交增值税（销项税额）   8 500

3. 借：无形资产   20 000

    贷：银行存款   20 000

4. 借：短期借款   4 500

    财务费用   500

    贷：银行存款   5 000

5. 借：应付账款   30 000

    贷：营业外收入   30 000

学习情境一　认识企业及其财务会计

一、单项选择题

1. A　2. B　3. B　4. B　5. C

二、多项选择题

1. ABCD　2. BCD　3. BCD　4. ABCD　5. ABCD

三、判断题

1. ×　2. ×　3. ×　4. √　5. √　6. √

四、简答题

1. 答：根据企业的性质以及所属行业特点，其具体的外部利益相关群体会有所不同，企业常见的外部利益相关群体如下：

（1）金融机构——企业依法筹集资金和使用资金的机构；

（2）税务机关——企业依法纳税的征管机关；

（3）工商机关——企业依法生产经营的监管机关；

（4）物价机关——企业依法定价的监管机关；

（5）财政机关——企业依法实行财政预算的监管机关；

（6）供应商——企业采购的对象；

（7）客户——企业销售的对象；

（8）投资者——企业股东，也是企业资金筹集者；

（9）社会公众——关注企业生存和发展的广大民众。

2. 答：（1）企业财务部门通过股东和银行等金融机构筹集资金，为生产经营正常运转做好资金上的保证。

（2）由采购部门向供应商购买商品，并移送仓库部门保管，由人事部门负责招聘和培训员工。

（3）为及时将产品销售出去、增加收入，销售部门在物价机关监管下，在市场经济作用下制定价格，并在媒体上发布广告，进行有关商品促销活动，打开销路；并由安全保障部门维持卖场秩序，加强管理。

（4）产品销售之后，企业一方面收到资金，由财务部门核算收入，支付银行等债权人的借款及利息，并扣减之前相关成本费用，计算企业利润；另一方面根据税收法律有关规定，计算并上缴各项税费，如果企业属于财政部门预算管理单位，还应受到财政机关的监管。

（5）企业管理部门维持日常生产经营，也会发生相关的费用，待企业将所有费用扣减之后，形成净利润，提取公积金之后，就要向企业投资者分派股利，剩余的留存收益可用于企业的扩大再生产。

学习情境二　资金筹集

一、单项选择题

1. A　2. C　3. C

二、多项选择题

1. CD　2. BC　3. ABCD　4. ABC　5. BD

三、判断题

1. ×　2. √　3. √　4. ×　5. ×

四、简答题

1. 答：权益资金和负债资金对于筹资企业而言，有着明显的区别，主要表现在：

第一，承担责任的对象不同。权益资金是企业对所有者承担的责任；负债资金是企业对债权人承担的责任。

第二，偿还资金的顺序不同。权益资金是企业所有者对剩余资产的要求权，这种要求权在顺序上是放在债权人之后；负债资金是企业债权人对全部资产的要求权，这种要求权在顺序上应放在所有者之前。

第三，享受权利的内容不同。权益资金的提供者（所有者）在企业中享有参与企业经营决策和利润分配的权利；负债资金的提供者（债权人）在企业中仅享有到期收取本金和利息的权利。

第四，清偿资金的期限不同。除非企业清算，权益资金在企业持续经营期内一般不存在清偿问题，即无清偿期限；负债资金则需要按照约定的日期，及时清偿，即有清偿期限。

2. 答：实收资本在企业持续经营期间，除依法转让外，不得以任何形式抽回，可长期供企业周转使用。实收资本的构成比例，即投资者的出资比例或股东的股份比例，一般为确定所有者在企业所有者权益中所占的份额和参与企业经营管理决策的基础，也是企业据以向投资者进行利润的主要依据，同时还是企业清算时确定所有者对净资产要求权的依据。

五、账务处理题

（一）A 公司接受投资时，

借：固定资产	4 800 000
无形资产	3 500 000
银行存款	3 000 000
贷：实收资本——甲公司	4 000 000
——乙公司	3 000 000
——丙公司	3 000 000
资本公积——资本溢价	1 300 000

（二）该企业 9 月 1 日取得借款时，

借：银行存款	50 000
贷：短期借款	50 000

9 月 30 日计提本月利息时，

借：财务费用	250
贷：应付利息	250

10 月 31 日、11 月 30 日计提本月利息时分录同上。

12 月 1 日归还本息时，

借：应付利息	750
短期借款	50 000
贷：银行存款	50 750

（三）（1）A 企业 2012 年 1 月 1 日取得借款时，

借：银行存款	20 000 000

  贷：长期借款——本金   20 000 000

2012 年 1 月 31 日计提本月利息时，

 借：财务费用   150 000

  贷：长期借款——应计利息   150 000

2012 年 2 月 28 日计提本月利息分录同上。

2013 年 3 月 31 日计提本月利息时，

 借：在建工程   150 000

  贷：长期借款——应计利息   150 000

从 2012 年 4 月到 2014 年 2 月，每月末计提利息分录同上。

2014 年 3 月 31 日计提利息时，

 借：财务费用   150 000

  贷：长期借款——应计利息   150 000

从 2014 年 4 月到 2014 年 12 月，每月末计提利息分录同上。

2015 年 1 月 1 日，到期归还本息时，

 借：长期借款——本金   20 000 000

      ——应计利息   5 400 000

  贷：银行存款   25 400 000

（2）B 公司 2011 年 7 月 1 日对外发行债券时，

 借：银行存款   10 000 000

  贷：应付债券——面值   10 000 000

2011 年 7 月 31 日，计提本月利息时，

 借：财务费用   75 000

  贷：应付利息   75 000

从 2011 年 8 月到 2011 年 12 月，每月末计提利息分录同上。

2012 年 1 月 5 日支付利息时，

 借：应付利息   450 000

  贷：银行存款   450 000

2012 年 1 月 31 日计提利息时，

 借：财务费用   75 000

  贷：应付利息   75 000

从 2012 年 2 月到 2012 年 6 月，每月末计提利息分录同上。

2012 年 7 月 5 日支付利息时，

 借：应付利息   450 000

  贷：银行存款   450 000

2012 年 7 月 31 日计提利息时，

 借：财务费用   75 000

    贷：应付利息   75 000

从 2012 年 8 月到 2012 年 12 月，每月末计提利息分录同上。

2013 年 1 月 5 日支付利息时，

  借：应付利息   450 000

    贷：银行存款   450 000

2013 年 1 月 31 日计提利息时，

  借：财务费用   75 000

    贷：应付利息   75 000

从 2013 年 2 月到 2013 年 6 月，每月末计提利息分录同上。

2013 年 7 月 5 日支付利息时，

  借：应付利息   450 000

    贷：银行存款   450 000

2013 年 7 月 31 日计提利息时，

  借：财务费用   75 000

    贷：应付利息   75 000

从 2013 年 8 月到 2013 年 12 月，每月末计提利息分录同上。

2014 年 1 月 5 日支付利息时，

  借：应付利息   450 000

    贷：银行存款   450 000

2014 年 1 月 31 日计提利息时，

  借：财务费用   75 000

    贷：应付利息   75 000

从 2014 年 2 月到 2014 年 6 月，每月末计提利息分录同上。

2014 年 7 月 1 日债券到期归还本金和最后半年的利息时，

  借：应付利息   450 000

    应付债券——面值   10 000 000

    贷：银行存款   10 450 000

学习情境三　资金管理

一、单项选择题

1. D　2. C　3. C　4. C　5. D　6. C　7. A　8. B

二、多项选择题

1. AB　2. AB　3. ABC　4. AB　5. ABCD

三、判断题

1. ×   2. √   3. √   4. ×   5. ×   6. ×

四、简答题

1. 答：库存现金日常收支管理的内容主要有：

（1）现金收入应于当日送存银行，如当日送存银行确有困难，由银行确定送存时间。

（2）企业可以在现金使用范围内支付现金或从银行提取现金，但不得从本单位的现金收入中直接支付（坐支），因特殊情况需要坐支现金的，应当事先报经开户银行审查批准，由开户银行核定坐支范围和限额。企业应定期向开户银行报送坐支金额和使用情况。

（3）企业从银行提取现金时，应当在取款凭证上写明具体用途，并由财会部门负责人签字盖章，交开户银行审核后方可支取。

（4）因采购地点不固定、交通不便、生产或者市场急需、抢险救灾以及其他情况必须使用现金的，企业应当提出申请，经开户银行审核批准后，方可支付现金。

企业可以使用库存现金支付的范围主要包括：

（1）职工工资、津贴；

（2）个人劳动报酬；

（3）根据国家规定颁发给个人的科学技术、文化艺术、体育等各种奖金；

（4）各种劳保、福利费用以及国家规定的对个人的其他支出等；

（5）向个人收购农副产品和其他物资的价款；

（6）出差人员必须随身携带的差旅费；

（7）结算起点（现行规定为 1 000 元）以下的零星支出；

（8）中国人民银行确定需要支付现金的其他支出。

凡是不属于现金结算范围的，应通过银行进行转账结算。

2. 答：对生产经营资金的管理主要是对货币资金和商业信用的管理。

货币资金是指货币形态表现的资金，是指在企业生产经营过程中处于货币形态的那部分资金。按其形态和用途不同，货币资金可分为库存现金、银行存款和其他货币资金。

商业信用是指企业之间在商业活动中产生的信用形式，多数情况下表现为卖方以赊销方式为买方提供信用，买方以延期付款方式偿清货款。按其债权债务性质不同，商业信用可分为应收款项（应收票据、应收账款、预付账款等）和应付款项（应付票据、应付账款、预收账款等）。

五、账务处理题

（一）银行存款余额调节表如表 2-3-1 所示：

表 2-3-1 　　　　　　　　　　　　**银行存款余额调节表** 　　　　　　　　　单位：元

项目	金额	项目	金额
企业银行存款日记账余额	783 997	银行对账单余额	759 197
加：银行已收，企业未收	17 000	加：企业已收，银行未收	120 000
减：银行已付，企业未付	9 800	减：企业已付，银行未付	88 000
调节后的存款余额	791 197	调节后的存款余额	791 197

（二）编制的相关会计分录如下：

（1）5 月 1 日银行承兑汇票到期无力偿还时，

借：应付票据　　　　　　　　　　　　　　　　　　　　　　　900 000

　　贷：短期借款　　　　　　　　　　　　　　　　　　　　　　　900 000

（2）5 月 17 日销售商品取得商业承兑汇票时，

借：应收票据　　　　　　　　　　　　　　　　　　　　　　　468 000

　　贷：主营业务收入　　　　　　　　　　　　　　　　　　　　　400 000

　　　　应交税费——应交增值税（销项税额）　　　　　　　　　　 68 000

5 月 31 日计提利息时，

应计利息 $= 468\,000 \times 2\% \times \dfrac{14}{360} = 364$（元）

借：应收票据　　　　　　　　　　　　　　　　　　　　　　　　　364

　　贷：财务费用　　　　　　　　　　　　　　　　　　　　　　　　 364

6 月 30 日计提利息时，

应计利息 $= 468\,000 \times 2\% \times \dfrac{30}{360} = 780$（元）

借：应收票据　　　　　　　　　　　　　　　　　　　　　　　　　780

　　贷：财务费用　　　　　　　　　　　　　　　　　　　　　　　　 780

7 月 31 日计提利息时，

应计利息 $= 468\,000 \times 2\% \times \dfrac{31}{360} = 806$（元）

借：应收票据　　　　　　　　　　　　　　　　　　　　　　　　　806

　　贷：财务费用　　　　　　　　　　　　　　　　　　　　　　　　 806

8 月 15 日票据到期承兑人无力兑付时，

票据到期值 $= 468\,000 \times \left(1 + 2\% \times \dfrac{90}{360}\right) = 468\,000 + 2\,340 = 470\,340$（元）

借：应收账款　　　　　　　　　　　　　　　　　　　　　　　470 340

贷：应收票据	469 950
财务费用	390

（3）5月29日支付前欠货款时，

借：应付账款	7 000
贷：银行存款	7 000

（三）

（1）3月23日收回已转销的坏账损失时，

借：应收账款	3 000
贷：坏账准备	3 000
借：银行存款	3 000
贷：应收账款	3 000

或者：

借：银行存款	3 000
贷：坏账准备	3 000

（2）6月20日发生坏账时，

借：坏账准备	50 000
贷：应收账款	50 000

（3）12月31日计提坏账准备时，

借：资产减值损失	45 000
贷：坏账准备	45 000

学习情境四　物资和人力资源供应

一、单项选择题

1. B　2. B　3. C　4. A　5. B　6. A　7. B　8. A　9. C　10. D

二、多项选择题

1. ABD　2. AC　3. BC　4. AB　5. BCD　6. BD　7. ABC　8. ABCD　9. AB
10. ABC

三、判断题

1. ×　2. √　3. ×　4. ×　5. √　6. ×　7. ×　8. ×　9. ×　10. √

四、简答题

1. 答：企业在确定发出存货的成本时，可以选择使用先进先出法、月末一次加权平均法、移动加权平均法、个别计价法、毛利率法、售价金额核算法以及计划成本法等方法。

2. 答：按固定资产的经济用途和使用情况综合分类，可分为以下七类：（1）生产经营用固定资产；（2）非生产经营用固定资产；（3）租出固定资产（经营租赁）；（4）未使用固定资产；（5）不需用固定资产；（6）土地；（7）融资租入固定资产。

3. 答：应付职工薪酬是指企业为获得职工提供的服务而给予各种形式的报酬以及其他相关的支出，主要包括职工工资、奖金、津贴和补贴，职工福利费，医疗保险费、养老保险费、失业保险费、工伤保险费和生育保险费等社会保险费，住房公积金，工会经费和职工教育经费，非货币性福利，辞退福利，其他与获得职工提供的服务相关的支出。

4. 答：无形资产主要包括专利权、非专利技术、商标权、著作权、土地使用权、特许权等。

五、综合题

（一）

（1）借：材料采购——甲材料   4 000
   应交税费——应交增值税（进项税额） 680
  贷：银行存款   4 680
 借：原材料——甲材料   4 500
  贷：材料采购——甲材料   4 000
   材料成本差异   500

（2）借：材料采购——乙材料   25 230
   应交税费——应交增值税（进项税额） 4 289.10
  贷：银行存款   29 519.10

（3）借：材料采购——乙材料   40 000
   应交税费——应交增值税（进项税额） 6 800
  贷：银行存款   46 800
 借：原材料——乙材料   38 400
  材料成本差异   1 600
  贷：材料采购——乙材料   40 000

（4）借：原材料——乙材料   24 000
  材料成本差异   611
  贷：材料采购——乙材料   24 611

（5）借：材料采购——甲材料   8 500
   应交税费——应交增值税（进项税额） 1 360

贷：银行存款	9 860

（6）甲材料采购的单位成本＝8 500÷2 000＝4.25（元/千克）

甲材料的增值税单位税额＝1 360÷2 000＝0.68（元/千克）

借：其他应收款——运输部门	443.70
应收账款——胜利工厂	986
贷：材料采购——甲材料	1 232.50
应交税费——应交增值税（进项税额转出）	197.20

同时，

借：原材料——甲材料	7 650
贷：材料采购——甲材料	7 267.50
材料成本差异	382.50

其中：90×4.25＋90×0.68＝443.70（元）

　　　200×4.25＋200×0.68＝986（元）

　　　290×4.25＝1 232.50（元）

　　　290×0.68＝197.20（元）

　　　1 700×4.5＝7 650（元）

　　　1 710×4.25＝7 267.50（元）

（7）借：生产成本——基本生产成本	37 500
——辅助生产成本	4 800
制造费用	2 400
管理费用	1 440
贷：原材料——甲材料	13 500
——乙材料	32 640

材料成本差异率＝（380＋1 600＋611－500－382.50）÷（14 460＋4 500＋38 400＋24 000＋7 650）×100%

　　　　＝1.92%

同时，结转发出材料应承担的差异，

借：生产成本——基本生产成本	720
——辅助生产成本	92.16
制造费用	46.08
管理费用	27.65
贷：材料成本差异	885.89

（8）借：生产成本——基本生产成本	42 000
贷：原材料——甲材料	18 000
——乙材料	24 000

同时，结转发出材料应承担的差异，

借：生产成本——基本生产成本	806.40

	贷：材料成本差异	806.40
（9）	借：预付账款——胜利工厂	5 000
	贷：银行存款	5 000
（10）	借：原材料——甲材料	3 600
	贷：应付账款——暂估应付款	3 600

（二）

（1）借：待处理财产损溢 57 915

　　　材料成本差异 500

　　　贷：原材料——甲材料 50 000

　　　　　应交税费——应交增值税（进项税额转出） 8 415

其中：49 500×1.17＝57 915（元）

　　　（50 000−500）×0.17＝8 415（元）

（2）借：原材料——丙材料 10 000

　　　材料成本差异 100

　　　贷：待处理财产损溢 10 100

（3）借：待处理财产损溢 35 100

　　　贷：库存商品 30 000

　　　　　应交税费——应交增值税（进项税额转出） 5 100

（4）甲材料转销时：

借：其他应收款——保管员 17 374.50

　　管理费用 40 540.50

　　贷：待处理财产损溢 57 915

其中：57 915÷1 000×300＝17 374.50（元）

　　　57 915÷1 000×700＝40 540.50（元）

丙材料转销时，

借：待处理财产损溢 10 000

　　贷：管理费用 10 000

A产品转销时，

借：其他应收款——保险公司 30 000

　　营业外支出 5 100

　　贷：待处理财产损溢 35 100

（三）

（1）借：工程物资 60 000

　　　应交税费——应交增值税（进项税额） 6 120

　　　　　　　　——待抵扣进项税额 4 080

　　　贷：银行存款 70 200

（2）借：在建工程   60 000

   贷：工程物资   60 000

（3）借：在建工程   4 000

   贷：应付职工薪酬   4 000

（4）借：在建工程   2 000

    应交税费——待抵扣进项税额   136

   贷：原材料   2 000

    应交税费——应交增值税（进项税额转出） 136

（5）借：在建工程   5 500

   贷：银行存款   5 500

（6）借：固定资产   71 340

   贷：在建工程   71 340

（四）

（1）折旧率 $= \dfrac{2}{5} \times 100\% = 40\%$

净残值 $= 85\,000 \times 5\% = 4\,250$（元）

第四、五年折旧额 $= (18\,360 - 4\,250) \div 2 = 7\,055$（元）

双倍余额递减法折旧额的计算表如表2-4-1所示：

表2-4-1   **双倍余额递减法折旧额的计算表**   金额单位：元

年次	年初固定资产净值	折旧率	年度折旧	累计折旧
第一年	85 000	40%	34 000	34 000
第二年	51 000	40%	20 400	54 400
第三年	30 600	40%	12 240	66 640
第四年	18 360	50%	7 055	73 695
第五年	11 305	50%	7 055	80 750

（2）预计净残值 $= 85\,000 \times 5\% = 4\,250$（元）

应计提折旧总额 $= 85\,000 - 4\,250 = 80\,750$（元）

年数总和法折旧额的计算表如表2-4-2所示：

表2-4-2   **年数总和法折旧额的计算表**   金额单位：元

年次	应计提折旧	尚可使用年限	使用年限	分数	年度折旧额	累计折旧
第一年	80 750	5	15	5/15	26 916.67	26 916.67
第二年	80 750	4	15	4/15	21 533.33	48 450.00
第三年	80 750	3	15	3/15	16 150.00	64 600.00
第四年	80 750	2	15	2/15	10 766.67	75 366.67
第五年	80 750	1	15	1/15	5 383.33	80 750.00

（五）

（1）转销固定资产账面价值时，

借：固定资产清理 4 600

  累计折旧 5 000

  贷：固定资产 9 600

收取出售固定资产价款时，

借：银行存款 4 000

  贷：固定资产清理 4 000

结转出售固定资产取得的净损失时，

借：营业外支出——处置非流动资产损失 600

  贷：固定资产清理 600

（2）盘亏固定资产时，

借：待处理财产损溢 5 000

  累计折旧 15 000

  贷：固定资产 20 000

报经有关部门审批后，

借：营业外支出——盘亏损失 5 000

  贷：待处理财产损溢 5 000

（3）转销毁损固定资产的账面价值时，

借：固定资产清理 1 200 000

  累计折旧 600 000

  贷：固定资产 1 800 000

以现金支付清理费用时，

借：固定资产清理 1 000

  贷：库存现金 1 000

残料入库时，

借：原材料 18 000

  贷：固定资产清理 18 000

核准应由保险公司赔偿损失时，

借：其他应收款——保险公司 1 000 000

  贷：固定资产清理 1 000 000

结转毁损固定资产净损失时，

借：营业外支出——非常损失 183 000

  贷：固定资产清理 183 000

（4）将报废固定资产转入清理时，

借：固定资产清理 4 000

累计折旧	36 000	
贷：固定资产		40 000

收回残料变价收入时，

借：银行存款	4 800	
贷：固定资产清理		4 800

支付清理费时，

借：固定资产清理	600	
贷：银行存款		600

结转报废固定资产发生的净利得时，

借：固定资产清理	200	
贷：营业外收入——处置非流动资产利得		200

（六）

购入时，

借：无形资产——专利权	50 000	
贷：银行存款		50 000

每月摊销时，

借：管理费用	833.33	
贷：累计摊销		833.33

转让时，

借：银行存款	37 100	
累计摊销	20 000	
贷：无形资产——专利权		50 000
应交税费——应交增值税（销项税额）		2 100
营业外收入——处置非流动资产利得		5 000

（七）

（1）借：管理费用	12 000	
贷：应付职工薪酬——工资		12 000
（2）借：在建工程	30 000	
贷：应付职工薪酬——工资		30 000
（3）借：管理费用	20 000	
贷：应付职工薪酬——非货币性福利		20 000
借：应付职工薪酬——非货币性福利	20 000	
贷：累计折旧		20 000
（4）借：管理费用	87 750	
贷：应付职工薪酬——非货币性福利		87 750
借：应付职工薪酬——非货币性福利	87 750	

贷：主营业务收入		75 000
应交税费——应交增值税（销项税额）		12 750
借：主营业务成本	60 000	
贷：库存商品		60 000
（5）借：生产成本	1 050 000	
制造费用	150 000	
管理费用	200 000	
销售费用	100 000	
贷：应付职工薪酬——工资		1 500 000
（6）借：应付职工薪酬——社会保险费（医疗保险）	50 000	
贷：银行存款		50 000
（7）借：应付职工薪酬——工资	18 000	
贷：应交税费——应交个人所得税		18 000
（8）借：应付职工薪酬——职工福利费	1 000	
贷：库存现金		1 000
（9）借：应付职工薪酬——工资	2 000	
贷：其他应收款		2 000

学习情境五　产品生产

一、单项选择题

1. C　2. B　3. D　4. B　5. A

二、多项选择题

1. BCD　2. AD　3. CD　4. ABC　5. BD

三、判断题

1. ×　2. ×　3. √　4. ×　5. √

四、简答题

1. 答：产品成本核算的一般程序有：（1）合理确定成本计算对象；（2）科学地确定产品成本计算项目；（3）确定成本计算期间；（4）审核产品生产成本；（5）归集与分配产品生产费用；（6）计算月末在产品生产成本，确定完工产品总成本和单位成本。

2. 答：企业成本会计机构的设置方式有以下两种：（1）集中工作方式，是指企业的成本会计工作，主要由厂部成本会计机构集中进行，车间等其他单位的成本会计机构或人员只负责原始记录和原始凭证的填制，并对它们进行初步的审核、整理和汇总，为厂部成本会计机构进一步工作提供基础资料。（2）分散工作方式，是指成本会计工作中的计划、控制、核算和分析由车间等其他单位的成本会计机构或人员分别进行。成本考核工作由上一级成本会计机构对下一级成本会计机构逐级进行。厂部成本会计机构除对全厂成本进行综合的计划、控制、分析、考核以及汇总核算外，还应负责对各下级成本会计机构或人员进行业务上的指导和监督。成本的预测和决策工作一般仍由厂部成本会计机构集中进行。

五、综合题

（一）男式衬衫的定额耗用量 $= 200 \times 2.6 = 520$（米）

女式衬衫的定额耗用量 $= 100 \times 2 = 200$（米）

材料费用分配率 $= \dfrac{74\,880}{520 + 200} = 104$

男式衬衫耗用的材料费用 $= 520 \times 104 = 54\,080$（元）

女式衬衫耗用的材料费用 $= 200 \times 104 = 20\,800$（元）

借：生产成本——基本生产成本——男式衬衫　　　　　　54 080

　　　　——基本生产成本——女式衬衫　　　　　　20 800

　　贷：原材料　　　　　　　　　　　　　　　　　　　　74 880

（二）制造费用分配率 $= \dfrac{8\,950}{2\,500 + 7\,500} = 0.895$（元/小时）

甲产品应分配的制造费用 $= 2\,500 \times 0.895 = 2\,237.50$（元）

乙产品应分配的制造费用 $= 7\,500 \times 0.895 = 6\,712.50$（元）

借：生产成本——基本生产成本——甲产品　　　　　　2 237.50

　　　　——基本生产成本——乙产品　　　　　　6 712.50

　　贷：制造费用　　　　　　　　　　　　　　　　　　　8 950

（三）直接材料分配率 $= \dfrac{3\,512 + 75\,688}{200 + 40 \times 100\%} = 330$

直接人工分配率 $= \dfrac{1\,152 + 21\,948}{200 + 40 \times 50\%} = 105$（元/件）

制造费用分配率 $= \dfrac{550 + 33\,770}{200 + 40 \times 50\%} = 156$（元/件）

完工产品成本 $= (330 + 105 + 156) \times 200 = 118\,200$（元）

在产品成本 $= 330 \times 40 + (105 + 156) \times 20 = 18\,420$（元）

学习情境六　收入确认

一、单项选择题

1. C　2. D　3. C　4. B　5. A

二、多项选择题

1. ACD　2. ABC　3. ABD　4. BC　5. ABC　6. ABCD

三、判断题

1. ×　2. ×　3. ×　4. ×　5. ×　6. √

四、简答题

1. 答：销售商品收入的确认条件有：

（1）企业已将商品所有权上的主要风险和报酬转移给购货方；

（2）企业既没有保留通常与所有权相联系的继续管理权，也没有对已售出的商品实施控制；

（3）与商品交易相关的经济利益很可能流入企业；

（4）收入的金额能够可靠计量；

（5）相关的已发生或将要发生的成本能够可靠计量。

2. 答：现金折扣是指销售方为鼓励购货方在规定的期限内付款而向购货方提供的债务扣除。商业折扣是指作为销货方的企业为鼓励购货方多购买商品，根据其购货数量的多少，在商品价目单价格的基础上按规定百分比给予购货方一定的价格折扣。销售折让是指企业因售出商品的质量不合格等原因而在售价上给予的减让。销售退回是指企业销售的商品由于质量、品种不符合要求等原因而发生的退货。

五、账务处理题

（一）

（1）A 公司的会计处理不正确。

理由：A 公司于 2014 年 7 月 1 日向 B 公司销售商品，同时约定销售后一年内回购，属于以商品作抵押进行融资，因此，A 公司不应确认销售商品收入并结转有关成本。

（2）A 公司的会计处理不正确。

理由：A 公司 12 月 1 日向 C 公司销售的商品，因商品质量没有达到合同规定的要求，双方尚未就此达成一致意见，A 公司也未就此采取补救措施。因此，A 公司在该批商品所有权上的主要风险和报酬尚未发生转移，A 公司的该批商品销售不符合收入确认条件，不应确认商品销售收入。

（3）A 公司的会计处理不正确。

理由：2014 年 12 月 1 日，A 公司与 D 公司签订销售合同，规定 A 公司向 D 公司销售一条生产线并承担安装调试工作，且安装调试工作是销售合同的重要组成部分。至 12 月 31 日，A 公司虽然向 D 公司派出安装工程技术人员，但尚未完成安装调试工作。因此，A公司向D公司销售的生产线所有权上的主要风险和报酬没有转移，A公司向D公司销售的生产线不符合收入确认条件，不应确认商品销售收入。

（4）A公司的会计处理正确。

理由：A公司在销售商品时，虽然商品已经发出并向银行办妥托收手续，但是购货方发生资金困难并拖欠其他公司货款，A公司收回销售货款存在很大的不确定性。因此，A公司在销售商品时不能确认销售收入。

（二）

（1）销售产品时，

借：应收票据——商业承兑汇票	585 000	
贷：主营业务收入		500 000
应交税费——应交增值税（销项税额）		85 000

结转商品销售成本时，

借：主营业务成本	300 000	
贷：库存商品		300 000

（2）远华公司将商品交给乙企业时，

借：委托代销商品	18 000	
贷：库存商品		18 000

收到乙企业交来的代销清单时，

借：应收账款——乙企业	35 100	
贷：主营业务收入		30 000
应交税费——应交增值税（销项税额）		5 100

结转已代销商品成本时，

借：主营业务成本	18 000	
贷：委托代销商品		18 000

结转手续费用时，

借：销售费用	3 000	
贷：应收账款——乙企业		3 000

远华公司收到乙企业转来的货款时，

借：银行存款	32 100	
贷：应收账款——乙企业		32 100

（3）2014年6月1日确认收入时，

借：应收账款	35 100	
贷：主营业务收入		30 000
应交税费——应交增值税（销项税额）		5 100

如果6月9号收到货款，

借：银行存款   34 500

  财务费用（30 000×2%）   600

 贷：应收账款   35 100

如果 6 月 19 号收到货款，

借：银行存款   34 800

  财务费用（30 000×1%）   300

 贷：应收账款   35 100

如果 7 月 9 号收到货款，

借：银行存款   35 100

 贷：应收账款   35 100

（4）销售实现时，

借：应收账款   58 500

 贷：主营业务收入   50 000

   应交税费——应交增值税（销项税额） 8 500

发生销售折让时，

借：主营业务收入   5 000

  应交税费——应交增值税（销项税额抵减） 850

 贷：应收账款   5 850

实际收到货款时，

借：银行存款（58 500－5 850）   52 650

 贷：应收账款   52 650

（5）2014 年 12 月 6 日销售商品时，

借：应收账款   7 020

 贷：主营业务收入   6 000

   应交税费——应交增值税（销项税额抵减） 1 020

2014 年 12 月 6 日结转成本时，

借：主营业务成本   4 200

 贷：库存商品   4 200

2014 年 12 月 25 日发生销售退回冲减收入时，

借：主营业务收入   6 000

  应交税费——应交增值税（销项税额）   1 020

 贷：应收账款   7 020

2014 年 12 月 25 日发生销售退回冲减成本时，

借：库存商品   4 200

 贷：主营业务成本   4 200

（三）

实际发生的成本占估计的总成本的比例：

$280\ 000 \div (280\ 000 + 120\ 000) \times 100\% = 70\%$

有关会计处理如下：

2014 年确认收入：$600\ 000 \times 70\% = 420\ 000$（元）

2014 年结转成本：$(280\ 000 + 120\ 000) \times 70\% = 280\ 000$（元）

发生成本时，

借：劳务成本	280 000	
贷：银行存款		280 000

预收账款时，

借：银行存款	440 000	
贷：预收账款		440 000

确认收入时，

借：预收账款	420 000	
贷：主营业务收入		420 000

结转成本时，

借：主营业务成本	280 000	
贷：劳务成本		280 000

（四）

（1）借：银行存款　　　　　　　　　　　3 150 000

　　　贷：递延收益　　　　　　　　　　　　　　　3 150 000

（2）借：固定资产　　　　　　　　　　　3 072 000

　　　贷：银行存款　　　　　　　　　　　　　　　3 072 000

（3）借：递延收益（3 150 000－3 072 000）　　78 000

　　　贷：营业外收入　　　　　　　　　　　　　　　78 000

（4）借：递延收益（3 072 000÷8÷12）　　　32 000

　　　贷：营业外收入　　　　　　　　　　　　　　　32 000

（5）①借：固定资产清理　　　　　　　　1 212 000

　　　　　累计折旧（（3 072 000－96 000）÷8×5）　1 860 000

　　　　贷：固定资产　　　　　　　　　　　　　　3 072 000

　　②借：固定资产清理　　　　　　　　　280 000

　　　　贷：银行存款　　　　　　　　　　　　　　　280 000

　　③借：银行存款　　　　　　　　　　　1 600 000

　　　　贷：固定资产清理　　　　　　　　　　　　1 600 000

　　④借：固定资产清理　　　　　　　　　108 000

　　　　贷：营业外收入　　　　　　　　　　　　　　108 000

（6）借：递延收益（3 072 000－3 072 000÷8×5）　　　　　1 152 000

　　　贷：营业外收入　　　　　　　　　　　　　　　　　　　　　1 152 000

学习情境七　税费缴纳

一、单项选择题

1. C　2. B　3. D　4. D　5. C　6. D　7. B　8. C　9. D　10. C

二、多项选择题

1. BCD　2. ABC　3. ABC　4. ABCD　5. ABCD　6. ABC　7. BCD　8. BCD
9. ABC　10. ABD

三、判断题

1. √　2. ×　3. √　4. ×　5. √

四、简答题

1. 答：小规模纳税人的特点有：一是小规模纳税人销售货物或者提供应税劳务，一般情况下，只能开具普通发票，不能开具增值税专用发票；二是小规模纳税人销售货物或提供应税劳务，实行简易办法计算应纳税额，按照销售额的一定比例计算；三是小规模纳税人的销售额不包括其应纳税额。采用销售额和应纳税额合并定价方法的，要还原为不含税销售额计算。

2. 答：所得税是对企业的应纳税所得额征税，但是应纳税所得额不等于会计利润。因为会计利润是按会计政策计算的，而应纳税所得额是按税法计算的，两者存在一定的差异。

应纳税所得额的计算通常会运用会计利润的资料，对会计利润按照税法的规定进行调整，其计算公式为：应纳税所得额＝税前会计利润＋纳税调整增加额－纳税调整减少额。纳税调整增加额主要包括税法规定允许扣除项目中，企业已计入当期费用但超过税法规定扣除标准的金额，以及企业已计入当期损失但税法规定不允许扣除项目的金额。纳税调整减少额主要包括按税法规定允许弥补的亏损和准予免税的项目。

五、账务处理题

（一）

（1）购入设备时，

借：固定资产　　　　　　　　　　　　　　　　　　　　　400 000

　　应交税费——应交增值税（进项税额）　　　　　　　　　68 000

　　贷：应付账款　　　　　　　　　　　　　　　　　　　　468 000

（2）在建工程领用生产用库存原材料时，

借：应付职工薪酬　　　　　　　　　　　　　　58 500

　　贷：原材料　　　　　　　　　　　　　　　　　　　　50 000

　　　　应交税费——应交增值税（进项税额转出）　　　8 500

（3）销售商品时，

借：应收票据　　　　　　　　　　　　　　1 170 000

　　贷：主营业务收入　　　　　　　　　　　　　　　1 000 000

　　　　应交税费——应交增值税（销项税额）　　　　170 000

借：主营业务成本　　　　　　　　　　　　　800 000

　　贷：库存商品　　　　　　　　　　　　　　　　　800 000

（4）盘亏原材料时，

借：待处理财产损溢　　　　　　　　　　　　23 400

　　贷：原材料　　　　　　　　　　　　　　　　　　20 000

　　　　应交税费——应交增值税（进项税额转出）　　3 400

（5）缴纳增值税时，

借：应交税费——应交增值税（已交税金）　　150 000

　　贷：银行存款　　　　　　　　　　　　　　　　　150 000

（二）

（1）借：在建工程　　　　　　　　　　　　27 250

　　　　贷：库存商品　　　　　　　　　　　　　　　20 000

　　　　　　应交税费——应交增值税（销项税额）　　4 250

　　　　　　　　　　——应交消费税　　　　　　　　3 000

（2）借：税金及附加　　　　　　　　　　　35 000

　　　　贷：应交税费——应交城建税　　　　　　　　35 000

（3）借：税金及附加　　　　　　　　　　　28 000

　　　　贷：应交税费——应交房产税　　　　　　　　28 000

（4）借：应付职工薪酬　　　　　　　　　　6 000

　　　　贷：应交税费——应交个人所得税　　　　　　6 000

（三）

（1）应纳税所得额 = 1 600-90+110+10+20+200 = 1 850（万元）

应纳所得税额 = 1 850×25% = 462.50（万元）

确认所得税费用时，

借：所得税费用　　　　　　　　　　　　4 625 000

　　贷：应交税费——应交所得税　　　　　　　　　4 625 000

将其转入“本年利润”时，

借：本年利润 4 625 000

    贷：所得税费用 4 625 000

（2）净利润＝1 600－462.50＝1 137.50（万元）

将"本年利润"账户结平时，

借：本年利润 11 375 000

    贷：利润分配——未分配利润 11 375 000

学习情境八　对外投资

一、单项选择题

1. B　2. B　3. B　4. C　5. D　6. B　7. B　8. B　9. D

二、多项选择题

1. AB　2. ABC　3. BCD　4. AC　5. BD　6. ABC

三、判断题

1. ×　2. ×　3. √　4. ×　5. ×　6. ×　7. ×

四、简答题

1. 答：交易性金融资产以公允价值计量。在资产负债表日，交易性金融资产的公允价值高于其账面余额的，企业应按其差额，借记"交易性金融资产——公允价值变动"科目，贷记"公允价值变动损益"科目。若交易性金融资产的公允价值低于其账面余额，则作相反的会计分录。

2. 答：（1）成本法的适用范围：企业能够对被投资单位实施控制的长期股权投资，即企业对子公司的长期股权投资。

（2）权益法的适用范围：①企业对被投资单位具有共同控制的长期股权投资，即对合营企业的长期股权投资；②企业对被投资单位具有重大影响的长期股权投资，即对联营企业的长期股权投资。

五、账务处理题

（一）

（1）借：交易性金融资产——成本 100 000

       投资收益 350

    贷：银行存款 100 350

（2）借：交易性金融资产——成本 590 000

  应收股利 10 000

  投资收益 2 100

   贷：银行存款 602 100

（3）借：银行存款 10 000

   贷：应收股利 10 000

（4）借：应收股利 1 000

   贷：投资收益 1 000

（5）借：公允价值变动损益 5 000

   贷：交易性金融资产——公允价值变动 5 000

（6）借：交易性金融资产——成本 48 750

  应收利息 1 250

  投资收益 300

   贷：银行存款 50 300

（二）

（1）2010年1月1日投资时，

借：持有至到期投资——成本 2 000

      ——利息调整 100

 贷：银行存款 2 100

（2）2010年12月31日，确认实际利息，收到票面利息时，

借：应收利息 100

 贷：投资收益 79.8

  持有至到期投资——利息调整 20.2

其中：2 100×3.8%＝79.8（万元）

借：银行存款 100

 贷：应收利息 100

（3）2011年12月31日，确认实际利息，收到票面利息时，

借：应收利息 100

 贷：投资收益 79.03

  持有至到期投资——利息调整 20.97

其中：（2 100-20.2）×3.8%＝79.03（万元）

借：银行存款 100

 贷：应收利息 100

（4）2012年12月31日，确认实际利息，收到票面利息时，

借：应收利息 100

 贷：投资收益 78.24

    贷：持有至到期投资——利息调整　　　　　　　　　　　　　　21.76

其中：（2 100−20.2−20.97）×3.8% =78.24（万元）

    借：银行存款　　　　　　　　　　　　　　　　　　　　　　100

      贷：应收利息　　　　　　　　　　　　　　　　　　　　　100

（5）2013 年 12 月 31 日，确认实际利息，收到票面利息时，

    借：应收利息　　　　　　　　　　　　　　　　　　　　　　100

      贷：投资收益　　　　　　　　　　　　　　　　　　　　　77.41

        持有至到期投资——利息调整　　　　　　　　　　　　22.59

其中：（2 100−20.2−20.97−21.76）×3.8% =77.41（万元）

    借：银行存款　　　　　　　　　　　　　　　　　　　　　　100

      贷：应收利息　　　　　　　　　　　　　　　　　　　　　100

（6）2014 年 12 月 31 日，确认实际利息，收到债券利息和本金时，

    借：应收利息　　　　　　　　　　　　　　　　　　　　　　100

      贷：投资收益　　　　　　　　　　　　　　　　　　　　　85.52

        持有至到期投资——利息调整　　　　　　　　　　　　14.48

其中：100−20.2−20.97−21.76−22.59 =14.48（万元）

100−14.48 =85.52（万元）

    借：银行存款　　　　　　　　　　　　　　　　　　　　　　100

      贷：应收利息　　　　　　　　　　　　　　　　　　　　　100

    借：银行存款　　　　　　　　　　　　　　　　　　　　　2 000

      贷：持有至到期投资——成本　　　　　　　　　　　　　2 000

（三）

（1）借：长期股权投资——乙公司（成本）　　　　　　　　　781

        应收股利　　　　　　　　　　　　　　　　　　　　　20

      贷：银行存款　　　　　　　　　　　　　　　　　　　　　801

注：投资成本 =100×（8−0.2）+1 =781（万元）> 3 000×25% =750（万元），不调整长期股权投资成本。

（2）借：银行存款　　　　　　　　　　　　　　　　　　　　　20

      贷：应收股利　　　　　　　　　　　　　　　　　　　　　20

（3）借：长期股权投资——乙公司（损益调整）　　　　　　　　50

      贷：投资收益　　　　　　　　　　　　　　　　　　　　　50

（4）借：应收股利　　　　　　　　　　　　　　　　　　　　　10

      贷：长期股权投资——乙公司（损益调整）　　　　　　　10

（5）借：银行存款　　　　　　　　　　　　　　　　　　　　　10

      贷：应收股利　　　　　　　　　　　　　　　　　　　　　10

（6）借：投资收益　　　　　　　　　　　　　　　　　　　　　5

　　　　　贷：长期股权投资——乙公司（损益调整）　　　　　　　　　　5

（7）借：银行存款　　　　　　　　　　　　　　　　　　　　　　100

　　　　　贷：长期股权投资——乙公司（成本）　　　　　　　　　78.1

　　　　　　　　　　——乙公司（损益调整）　　　　　　　　　　3.5

　　　　　　　投资收益　　　　　　　　　　　　　　　　　　　18.4

（四）

（1）借：投资性房地产——A办公楼　　　　　　　　　　　　　4 960

　　　　贷：开发成本　　　　　　　　　　　　　　　　　　　4 960

（2）收到预收款时，

借：银行存款　　　　　　　　　　　　　　　　　　　　　　　180

　　贷：预收账款——乙公司　　　　　　　　　　　　　　　　　180

确认本月收入时，

借：预收账款——乙公司　　　　　　　　　　　　　　　　　　　60

　　贷：其他业务收入　　　　　　　　　　　　　　　　　　　　60

计提本月折旧时，

借：其他业务成本　　　　　　　　　　　　　　　　　　　　　　16

　　贷：投资性房地产累计折旧　　　　　　　　　　　　　　　　16

其中：（4 960−160）÷25÷12＝16（万元）

（3）借：银行存款　　　　　　　　　　　　　　　　　　　　5 200

　　　　贷：其他业务收入　　　　　　　　　　　　　　　　　5 200

借：其他业务成本　　　　　　　　　　　　　　　　　　　　4 384

　　投资性房地产累计折旧　　　　　　　　　　　　　　　　　576

　　贷：投资性房地产——A办公楼　　　　　　　　　　　　　4 960

其中：16×36＝576（万元）

学习情境九　利润形成和分配

一、单项选择题

1. B　2. A　3. C　4. D　5. A　6. C

二、多项选择题

1. BC　2. ABCD　3. ABC　4. BCD　5. AD　6. CD　7. ACD　8. ACD　9. AD

10. ABCD

三、判断题

1. √　2. ×　3. √　4. ×　5. ×　6. √　7. ×　8. √

四、简答题

1. 答：利润分配是指将企业实现的净利润，按照国家财务制度规定的分配形式和分配顺序，在国家、企业和投资者之间进行分配。

根据《中华人民共和国公司法》等有关法规的规定，企业当年实现的净利润，一般应按照下列内容、顺序和金额进行分配：（1）弥补以前年度亏损；（2）计算可供分配的利润；（3）提取法定盈余公积；（4）提取任意盈余公积；（5）向股东（投资者）支付股利（分配利润）。

2. 答：企业应通过"利润分配"账户，核算企业利润的分配（或亏损的弥补）和历年分配（或弥补）后的未分配利润（或未弥补亏损）。在"利润分配"账户下应设置"提取法定盈余公积"、"提取任意盈余公积"、"盈余公积补亏"、"应付现金股利或利润"、"转作股本的股利"、"未分配利润"等明细账户。

年度终了，企业应将全年实现的净利润，自"本年利润"账户转入"利润分配——未分配利润"账户，并将"利润分配"账户下的其他有关明细账户的余额转入"未分配利润"明细账户。结转后，"未分配利润"明细账户的贷方余额，就是累积未分配的利润金额；如出现借方余额，则表示累积未弥补的亏损金额。

五、账务处理题

（一）

（1）编制库存现金清查的会计分录如下：

借：库存现金   1 500

 贷：待处理财产损溢   1 500

借：待处理财产损溢   1 500

 贷：营业外收入   1 500

（2）将损益类账户结转"本年利润"账户：

借：主营业务收入   950 000

  其他业务收入   200 000

  投资收益   15 000

  营业外收入   41 500

 贷：本年利润   1 206 500

同时，

借：本年利润   1 091 000

 贷：主营业务成本   650 000

  其他业务成本   150 000

  营业税金及附加   36 000

  销售费用   40 000

管理费用	120 000
财务费用	25 000
营业外支出	70 000

（3）计算公司当年应交所得税：

应纳税所得额 = 会计利润 + 非合理支出工资额 + 非公益性捐赠 − 国债利息收入

$= (1\,206\,500 - 1\,091\,000) + 3\,500 + 1\,000 - 4\,000 = 116\,000$（元）

应交所得税 $= 116\,000 \times 25\% = 29\,000$（元）

确认所得税费用时，

借：所得税费用   29 000

  贷：应交税费——应交所得税   29 000

将其转入"本年利润"时，

借：本年利润   29 000

  贷：所得税费用   29 000

（4）计算当年公司净利润：

当年净利润 $= (1\,206\,500 - 1\,091\,000) - 29\,000 = 86\,500$（元）

将"本年利润"账户结平时，

借：本年利润   86 500

  贷：利润分配——未分配利润   86 500

（二）

（1）A 公司 2014 年的应纳税所得额 $= 1\,000\,000 - 80\,000 + 14\,000 + (45\,000 - 57\,000) = 922\,000$（元）

当期应交所得税 $= 922\,000 \times 25\% = 230\,500$（元）

A 公司 2014 年的递延所得税负债 $= 12\,000 \times 25\% = 3\,000$（元）

所得税费用 $= 230\,500 + 3\,000 = 233\,500$（元）

A 公司计提所得税费用时，

借：所得税费用   233 500

  贷：递延所得税负债   3 000

    应交税费——应交所得税   230 500

（2）A 公司 2014 年的净利润 $= 1\,000\,000 - 233\,500 = 766\,500$（元）

可供分配的利润 $= 766\,500 - 296\,000 = 470\,500$（元）

提取的法定盈余公积 $= 470\,500 \times 10\% = 47\,050$（元）

提取的任意盈余公积 $= 470\,500 \times 6\% = 28\,230$（元）

向投资者分配的利润 $= 766\,500 \times 10\% = 76\,650$（元）

年末未分配利润 $= 470\,500 - 47\,050 - 28\,230 - 76\,650 = 318\,570$（元）

（3）提取盈余公积金时，

借：利润分配——提取法定盈余公积   47 050

     ——提取任意盈余公积   28 230

|贷：盈余公积——法定盈余公积|47 050|
| ——任意盈余公积|28 230|

分配现金股利时，

借：利润分配——应付股利（或应付利润）　　　　　　76 650

　　贷：应付股利（或应付利润）　　　　　　　　　　　76 650

年末结平"利润分配"其他明细账户时，

借：利润分配——未分配利润　　　　　　　　　　　151 930

　　贷：利润分配——提取法定盈余公积　　　　　　　47 050

　　　　——提取任意盈余公积　　　　　　　　　28 230

　　　　——应付股利（或应付利润）　　　　　　　76 650

学习情境十　财务报告编制

一、单项选择题

1. D　2. B　3. B　4. D　5. D　6. A

二、多项选择题

1. ABD　2. BCD　3. BC　4. ABCD　5. ACD　6. ABCD　7. ABD

三、判断题

1. ×　2. ×　3. ×　4. ×　5. √　6. √

四、简答题

1. 答：财务报告是指企业对外提供的反映企业某一特定日期的财务状况和某一会计期间的经营成果、现金流量等会计信息的文件。财务报告包括财务报表和其他应当在财务报告中披露的相关信息和资料，主要由财务报表、财务报表附注、财务情况说明书三部分内容构成。

2. 答：我国企业利润表采用多步式列报。

企业按照下列四个步骤来编制利润表：

（1）以营业收入为基础，减去营业成本、营业税金及附加、销售费用、管理费用、财务费用、资产减值损失，加上公允价值变动收益（减去公允价值变动损失）和投资收益（减去投资损失），计算出营业利润。

（2）以营业利润为基础，加上营业外收入，减去营业外支出，计算出利润总额。

（3）以利润总额为基础，减去所得税费用，计算出净利润（或净亏损）。

（4）以净利润为基础，加上其他综合收益税后净额，计算出综合收益总额。

五、账务处理题

1. 根据相关资料编制会计分录：

（1）借：应付票据   1 000 000
       贷：银行存款   1 000 000

（2）借：材料采购   1 500 000
        应交税费——应交增值税（进项税额）   255 000
       贷：银行存款   1 755 000

（3）借：原材料   950 000
        材料成本差异   50 000
       贷：材料采购   1 000 000

（4）借：材料采购   998 000
        银行存款   2 340
        应交税费——应交增值税（进项税额）   169 660
       贷：其他货币资金   1 170 000
借：原材料   1 000 000
   贷：材料采购   998 000
      材料成本差异   2 000

（5）借：应收账款   3 510 000
       贷：主营业务收入   3 000 000
        应交税费——应交增值税（销项税额）   510 000

（6）借：银行存款   165 000
       贷：交易性金融资产——成本   130 000
                 ——公允价值变动   20 000
        投资收益   15 000
借：公允价值变动损益   20 000
   贷：投资收益   20 000

（7）借：固定资产   864 700
        应交税费——应交增值税（进项税额）   145 300
       贷：银行存款   1 010 000

（8）借：工程物资   1 500 000
       贷：银行存款   1 500 000

（9）借：在建工程   2 280 000
       贷：应付职工薪酬   2 280 000

（10）借：固定资产   14 000 000

	贷：在建工程	14 000 000
（11）借：固定资产清理		200 000
累计折旧		1 800 000
	贷：固定资产	2 000 000
借：固定资产清理		5 000
	贷：银行存款	5 000
借：银行存款		8 000
	贷：固定资产清理	8 000
借：营业外支出——处理固定资产净损失		197 000
	贷：固定资产清理	197 000
（12）借：银行存款		10 000 000
	贷：长期借款	10 000 000
（13）借：银行存款		8 190 000
	贷：主营业务收入	7 000 000
	应交税费——应交增值税（销项税额）	1 190 000
（14）借：银行存款		2 000 000
	贷：应收票据	2 000 000
（15）借：固定资产清理		2 500 000
累计折旧		1 500 000
	贷：固定资产	4 000 000
借：银行存款		3 000 000
	贷：固定资产清理	3 000 000
借：固定资产清理		500 000
	贷：营业外收入——处理固定资产利得	500 000
（16）借：交易性金融资产		1 030 000
投资收益		20 000
	贷：银行存款	1 050 000
（17）借：应付职工薪酬		5 000 000
	贷：银行存款	5 000 000
（18）借：生产成本		2 750 000
制造费用		100 000
管理费用		150 000
	贷：应付职工薪酬——工资	3 000 000
（19）借：生产成本		385 000
制造费用		14 000
管理费用		21 000

	贷：应付职工薪酬——职工福利		420 000
（20）	借：生产成本	7 000 000	
	贷：原材料		7 000 000
	借：制造费用	500 000	
	贷：周转材料		500 000
（21）	借：生产成本	350 000	
	制造费用	25 000	
	贷：材料成本差异		375 000
（22）	借：管理费用——无形资产摊销	600 000	
	贷：累计摊销		600 000
	借：制造费用——水电费	900 000	
	贷：银行存款		900 000
（23）	借：制造费用——折旧费	800 000	
	管理费用——折旧费	200 000	
	贷：累计折旧		1 000 000
	借：资产减值损失	300 000	
	贷：固定资产减值准备		300 000
（24）	借：银行存款	510 000	
	贷：应收账款		510 000
	借：资产减值损失——坏账准备	9 000	
	贷：坏账准备		9 000
（25）	借：销售费用——展览费	100 000	
	贷：银行存款		100 000
（26）	借：库存商品	12 824 000	
	贷：生产成本		12 824 000
（27）	借：销售费用——广告费	100 000	
	贷：银行存款		100 000
（28）	借：应收票据	2 925 000	
	贷：主营业务收入		2 500 000
	应交税费——应交增值税（销项税额）		425 000
（29）	借：财务费用	200 000	
	银行存款	2 725 000	
	贷：应收票据		2 925 000
（30）	借：营业税金及附加	20 000	
	贷：应交税费——应交教育费附加		20 000

（31）借：应交税费——应交增值税（已交税金）　　　1 000 000

　　　　　　　——应交教育费附加　　　　　　　20 000

　　　　贷：银行存款　　　　　　　　　　　　　　　　　1 020 000

（32）借：在建工程　　　　　　　　　　　2 000 000

　　　　贷：应付利息　　　　　　　　　　　　　　　2 000 000

（33）借：财务费用　　　　　　　　　　　100 000

　　　　贷：应付利息　　　　　　　　　　　　　　　　100 000

（34）借：短期借款　　　　　　　　　　　2 500 000

　　　　贷：银行存款　　　　　　　　　　　　　　　2 500 000

（35）借：应付利息　　　　　　　　　　　2 100 000

　　　　贷：银行存款　　　　　　　　　　　　　　　2 100 000

（36）借：长期借款　　　　　　　　　　　6 000 000

　　　　贷：银行存款　　　　　　　　　　　　　　　6 000 000

（37）借：库存商品　　　　　　　　　　　80 000

　　　　应交税费——应交增值税（进项税额）　13 600

　　　　营业外支出——债务重组损失　　　　23 400

　　　　贷：应收票据　　　　　　　　　　　　　　　　117 000

（38）借：交易性金融资产——公允价值变动　20 000

　　　　贷：公允价值变动损益　　　　　　　　　　　　20 000

（39）借：主营业务成本　　　　　　　　　7 500 000

　　　　贷：库存商品　　　　　　　　　　　　　　　7 500 000

（40）借：所得税费用——当期所得税费用　948 650

　　　　贷：应交税费——应交所得税　　　　　　　　948 650

借：递延所得税资产　　　　　　　　　　　75 000

　　贷：所得税费用——递延所得税费用　　　　　　　75 000

（41）借：主营业务收入　　　　　　　　12 500 000

　　　　营业外收入　　　　　　　　　　500 000

　　　　投资收益　　　　　　　　　　　15 000

　　　　贷：本年利润　　　　　　　　　　　　　　13 015 000

借：本年利润　　　　　　　　　　　　　9 520 400

　　贷：主营业务成本　　　　　　　　　　　　　7 500 000

　　　　营业税金及附加　　　　　　　　　　　　20 000

　　　　销售费用　　　　　　　　　　　　　　　200 000

　　　　管理费用　　　　　　　　　　　　　　　971 000

　　　　财务费用　　　　　　　　　　　　　　　300 000

　　　　财产减值损失　　　　　　　　　　　　　309 000

贷：营业外支出　　　　　　　　　　　　　　　　　　220 400

借：本年利润　　　　　　　　　　　　　　　　　　　873 650

　　贷：所得税费用　　　　　　　　　　　　　　　　873 650

（42）借：利润分配——提取法定盈余公积　　　　　　262 095

　　　贷：盈余公积——法定盈余公积　　　　　　　　262 095

提取法定盈余公积数额＝（13 015 000－9 520 400－873 650）×10%＝262 095（元）

（43）借：利润分配——未分配利润　　　　　　　　　262 095

　　　贷：利润分配——提取法定盈余公积　　　　　　262 095

借：本年利润　　　　　　　　　　　　　　　　　2 620 950

　　贷：利润分配——未分配利润　　　　　　　　　2 620 950

（44）借：应交税费——应交所得税　　　　　　　　　948 650

　　　贷：银行存款　　　　　　　　　　　　　　　　948 650

2. 编制公司资产负债表（见表2-10-1）。

表2-10-1　　　　　　　　　　　　　　资产负债表

编制单位：宏远公司　　　　　　　2014年12月31日　　　　　　　　单位：元

资产	年初余额	期末余额	负债和所有者权益（或股东权益）	年初余额	期末余额
流动资产：			流动负债：		
货币资金	14 063 000	14 504 690	短期借款	3 000 000	500 000
交易性金融资产	150 000	1 050 000	交易性金融负债		
应收票据	2 460 000	343 000	应付票据	2 000 000	1 000 000
应收账款	3 991 000	6 982 000	应付账款	9 548 000	9 548 000
预付款项	1 000 000	1 000 000	预收款项		
应收利息			应付职工薪酬	1 100 000	1 800 000
应收股利			应交税费	366 000	907 440
其他应收款	3 050 000	3 050 000	应付利息		
存货	25 800 000	25 827 000	应付股利		
一年内到期的非流动资产			其他应付款	500 000	500 000
其他流动资产			一年内到期的非流动负债		

资产	年初余额	期末余额	负债和所有者权益（或股东权益）	年初余额	期末余额
流动资产合计	50 514 000	52 756 690	其他流动负债	10 000 000	10 000 000
非流动资产：			流动负债合计	26 514 000	24 255 440
可供出售金融资产			非流动负债：		
持有至到期投资			长期借款	6 000 000	10 000 000
长期应收款			应付债券		
长期股权投资	2 500 000	2 500 000	长期应付款		
投资性房地产			专项应付款		
固定资产	8 000 000	18 864 700	预计负债		
在建工程	15 000 000	5 280 000	递延所得税负债		
工程物资		1 500 000	其他非流动负债		
固定资产清理			非流动负债合计	6 000 000	10 000 000
生产性生物资产			负债合计	32 514 000	34 255 440
油气资产			所有者权益（或股东权益）：		
无形资产	6 000 000	5 400 000	实收资本（或股本）	50 000 000	50 000 000
开发支出			资本公积		
商誉			减：库存股		
长期待摊费用			专项储备		
递延所得税资产		75 000	盈余公积	1 000 000	1 262 095
其他非流动资产	2 000 000	2 000 000	未分配利润	500 000	2 858 855
非流动资产合计	33 500 000	35 619 700	所有者权益（或股东权益）合计	51 500 000	54 120 950
资产总计	84 014 000	88 376 390	负债和所有者权益（或股东权益）总计	84 014 000	88 376 390

3. 编制公司利润表（见表 2-10-2）。

表 2-10-2   **利润表**

编制单位：宏远公司   2014 年度   单位：元

项　目	本期金额
一、营业收入	12 500 000
减：营业成本	7 500 000
营业税金及附加	20 000
销售费用	200 000
管理费用	971 000
财务费用（收益以"－"号填列）	300 000
资产减值损失	309 000
加：公允价值变动收益（损失以"－"号填列）	0
投资收益（损失以"－"号填列）	15 000
其中：联营企业和合营企业的投资收益	0
二、营业利润（亏损以"－"号填列）	3 215 000
加：营业外收入	500 000
减：营业外支出	220 400
其中：非流动资产处置损失	0
三、利润总额（亏损总额以"－"号填列）	3 494 600
减：所得税费用	873 650
四、净利润（净亏损以"－"号填列）	2 620 950
五、其他综合收益	0
（一）以后会计期间不能重分类进损益的其他综合收益	0
（二）以后会计期间在满足规定条件时将重分类进损益的其他综合收益	0
六、其他综合收益税后净额	0
（一）以后会计期间不能重分类进损益的其他综合收益税后净额	0
（二）以后会计期间在满足规定条件时将重分类进损益的其他综合收益税后净额	0
七、综合收益总额	2 620 950
八、每股收益	
（一）基本每股收益	
（二）稀释每股收益	

4. 编制公司现金流量表（见表 2-10-3）。

表 2-10-3 　　　　　　　　　　现金流量表
编制单位：宏远公司 　　　　　　　2014 年度 　　　　　　　　　　单位：元

项目	本期余额
一、经营活动产生的现金流量	
销售商品、提供劳务收到的现金	13 425 000
收到的税费返还	0
收到的其他与经营活动有关的现金	0
现金流入小计	13 425 000
购买商品、接受劳务支付的现金	4 967 960
支付给职工以及为职工支付的现金	3 000 000
支付的各项税费	1 968 650
支付的其他与经营活动有关的现金	200 000
现金流出小计	10 136 610
经营活动产生的现金流量净额	3 288 390
二、投资活动产生的现金流量	
收回投资所收到的现金	165 000
处置子公司及其他营业单位所收到的现金	0
取得投资收益所收到的现金	3 003 000
处置固定资产、无形资产和其他长期资产所收回的现金净额	0
收到的其他与投资活动有关的现金	0
现金流入小计	3 168 000
购建固定资产、无形资产和其他长期资产所支付的现金	4 364 700
投资所支付的现金	1 050 000
取得子公司及其他营业单位支付的现金净额	0
支付的其他与投资活动有关的现金	0
现金流出小计	5 414 700
投资活动产生的现金流量净额	-2 246 700
三、筹资活动产生的现金流量	
吸收投资所收到的现金	0
借款所收到的现金	10 000 000
发行债券收到的现金	0

续表

项目	本期余额
收到的其他与筹资活动有关的现金	0
现金流入小计	10 000 000
偿还债务所支付的现金	8 500 000
分配股利、利润或偿还利息所支付的现金	2 100 000
支付的其他与筹资活动有关的现金	0
现金流出小计	10 600 000
筹资活动产生的现金流量净额	−600 000
四、汇率变动对现金的影响	0
五、现金及现金等价物净增加额	441 690
加：期初现金及现金等价物余额	14 063 000
六、期末现金及现金等价物余额	14 504 690

其中：

销售商品、提供劳务收到的现金

= 12 500 000+2 125 000+（2 460 000−343 000）+（4 000 000−7 000 000）−200 000−117 000

= 13 425 000（元）

购买商品、接受劳务支付的现金

= 7 500 000+（255 000+169 660+145 300+13 600）+（2 000 000−1 000 000）+（25 827 000−

25 800 000）−（80 000+13 600）−800 000−[3 000 000+420 000−（150 000+21 000）]

= 4 967 960（元）

支付其他与经营活动有关的现金

= 200 000+971 000−200 000−600 000−（150 000+21 000）

= 200 000（元）

上篇检测

一、单项选择题

1. B　　2. C　　3. C　　4. B　　5. D　　6. D　　7. C　　8. C　　9. D　　10. A

二、多项选择题

1. ACD　　2. CD　　3. ACD　　4. ABD　　5. ABCD

三、判断题

1. √ 2. × 3. × 4. × 5. × 6. × 7. × 8. √ 9. × 10. ×

四、账务处理题

1.

（1）赊购原材料：

借：原材料	500 000	
应交税费——应交增值税（进项税额）	85 000	
贷：应付账款		585 000

（2）假定 10 天内支付货款：

享受的现金折扣额 = 500 000×2% = 10 000（元）

借：应付账款	585 000	
贷：财务费用		10 000
银行存款		575 000

假定 20 天内支付货款：

享受的现金折扣额 = 500 000×1% = 5 000（元）

借：应付账款	585 000	
贷：财务费用		5 000
银行存款		580 000

假定 30 天内支付货款，不享受现金折扣。

借：应付账款	585 000	
贷：银行存款		585 000

2.

（1）会计分录：

①购入时：

借：材料采购	7 888.29	
应交税费——应交增值税（进项税额）	1 323.71	
贷：银行存款		9 212

入库时：

借：原材料	8 000	
贷：材料采购		7 888.29
材料成本差异		111.71

②购入时：

借：材料采购	16 080.72	
应交税费——应交增值税（进项税额）	2 690.48	

贷：银行存款		18 771.20

入库时：

借：原材料	16 000	
材料成本差异	80.72	
贷：材料采购		16 080.72

③生产产品领用原材料：

借：生产成本	20 000	
贷：原材料		20 000

（2）材料成本差异率＝$\frac{2\,000 + 80.72 - 111.71}{20\,000 + 8\,000 + 16\,000} \times 100\% = 4.48\%$

发出材料应负担的材料成本差异＝20 000×4.48%＝896（元）

借：生产成本	896	
贷：材料成本差异		896

3.

（1）
借：主营业务收入	6 000 000	
其他业务收入	700 000	
公允价值变动损益	150 000	
投资收益	600 000	
营业外收入	50 000	
贷：本年利润		7 500 000
借：本年利润	6 300 000	
贷：主营业务成本		4 000 000
其他业务成本		400 000
营业税金及附加		80 000
销售费用		500 000
管理费用		770 000
财务费用		200 000
资产减值损失		100 000
营业外支出		250 000

（2）利润总额＝7 500 000－6 300 000＝1 200 000（元）

应纳税所得额＝1 200 000＋200 000＝1 400 000（元）

应交所得税额＝1 400 000×25%＝350 000（元）

（3）
借：所得税费用	350 000	
贷：应交税费——应交所得税		350 000
借：本年利润	350 000	
贷：所得税费用		350 000

（4）净利润＝1 200 000－350 000＝850 000（元）

155

借：本年利润   850 000

 贷：利润分配——未分配利润   850 000

学习情境十一　或有事项

一、单项选择题

1. D 2. A 3. C 4. B 5. D

二、多项选择题

1. BDE 2. ACDE 3. ABD 4. BCE 5. ABD

三、判断题

1. × 2. × 3. √ 4. × 5. ×

四、简答题

1. 答：只有当或有事项相关的义务同时满足下列条件时，才能确认为预计负债：

（1）该义务是企业承担的现时义务；

（2）履行该义务很可能导致经济利益流出企业；

（3）该义务的金额能够可靠地计量。

2. 答：预计负债应当按照履行相关现时义务所需支出的最佳估计数进行初始计量。最佳估计数的确定应当分以下两种情况处理：

（1）所需支出存在一个连续范围，且该范围内各种结果发生的可能性相同的，最佳估计数应当按照该范围内的中间值确定。

（2）在其他情况下，最佳估计数应当分下列情况处理：

①或有事项涉及单个项目的，按照最可能发生金额确定；

②或有事项涉及多个项目的，按照各种可能结果及相关概率计算确定。

五、账务处理题

（一）

（1）借：库存商品（500×15）   7 500

    应交税费——应交增值税（进项税额）   1 275

   贷：银行存款   8 775

（2）借：资产减值损失（（15−10）×500）   2 500

   贷：存货跌价准备   2 500

（3）借：银行存款　　　　　　　　　　　　　　　　　　　　5 850
　　　　贷：主营业务收入（500×10）　　　　　　　　　　　　　5 000
　　　　　　应交税费——应交增值税（销项税额）　　　　　　　850
　　借：主营业务成本　　　　　　　　　　　　　　　　　　　7 500
　　　　贷：库存商品　　　　　　　　　　　　　　　　　　　　7 500
　　借：存货跌价准备　　　　　　　　　　　　　　　　　　　2 500
　　　　贷：主营业务成本　　　　　　　　　　　　　　　　　　2 500
（二）
（1）A 产品 2014 年度应计提的预计负债＝（1 000＋800＋1 200＋600）×2%＝72（万元）
（2）编制相关会计分录如下：
　　借：销售费用　　　　　　　　　　　　　　　　　　　　　　72
　　　　贷：预计负债　　　　　　　　　　　　　　　　　　　　72
（3）编制相关会计分录如下：
　　借：预计负债　　　　　　　　　　　　　　　　　　　　　　75
　　　　贷：原材料　　　　　　　　　　　　　　　　　　　　　43
　　　　　　应付职工薪酬　　　　　　　　　　　　　　　　　　17
　　　　　　银行存款　　　　　　　　　　　　　　　　　　　　15
（4）编制相关会计分录如下：
①借：预计负债　　　　　　　　　　　　　　　　　　　　　　5
　　　贷：应付职工薪酬　　　　　　　　　　　　　　　　　　　5
②借：预计负债　　　　　　　　　　　　　　　　　　　　　　3
　　　贷：销售费用　　　　　　　　　　　　　　　　　　　　　3
（5）2014 年 12 月 31 日预计负债贷方余额＝30＋72－75＋（8－5－3）＝27（万元）

学习情境十二　非货币性资产交换

一、单项选择题

1. B　2. D　3. B　4. A　5. B

二、多项选择题

1. BD　2. ABC　3. AD　4. ABCD　5. AC

三、判断题

1. ×　2. ×　3. √　4. √　5. √

四、简答题

1. 答：根据非货币性资产交换准则的规定，符合下列条件之一的，视为具有商业实质：

（1）换入资产的未来现金流量在风险、时间和金额方面与换出资产显著不同。其通常包括但不仅限于以下几种情况：

①未来现金流量的风险、金额相同，时间不同。

②未来现金流量的时间、金额相同，风险不同。

③未来现金流量的风险、时间相同，金额不同。

（2）换入资产与换出资产的预计未来现金流量现值不同，且其差额与换入资产和换出资产的公允价值相比是重大的。

2. 答：属于以下三种情形之一的，公允价值视为能够可靠计量：

（1）换入资产或换出资产存在活跃市场。

（2）换入资产或换出资产不存在活跃市场，但同类或类似资产存在活跃市场。

（3）换入资产或换出资产不存在同类或类似资产可比市场交易，采用估值技术确定公允价值。

五、账务处理题

（一）

（1）甲公司换入设备的成本＝500 000×（1+17%）+15 000+5 000=605 000（元）

借：固定资产	605 000	
贷：主营业务收入		500 000
应交税费——应交增值税（销项税额）		85 000
银行存款（15 000+5 000）		20 000
借：主营业务成本	410 000	
存货跌价准备	10 000	
贷：库存商品		420 000

（2）甲公司换入专利的成本＝400 000－20 000=380 000（元）

借：固定资产清理	340 000	
固定资产减值准备	40 000	
累计折旧	220 000	
贷：固定资产		600 000
借：无形资产	380 000	
银行存款	20 000	
贷：固定资产清理		340 000
营业外收入——处置非流动资产利得		60 000

（3）甲公司换入原材料的成本＝360 000−9 000−51 000＝300 000（元）

借：原材料　　　　　　　　　　　　　　　　　　　　　　　　300 000

　　应交税费——应交增值税（进项税额）　　　　　　　　　　　51 000

　　银行存款　　　　　　　　　　　　　　　　　　　　　　　　　9 000

　　　贷：可供出售金融资产——成本　　　　　　　　　　　　　　　240 000

　　　　　　　　　　　　　　——公允价值变动　　　　　　　　　　80 000

　　　　投资收益　　　　　　　　　　　　　　　　　　　　　　　40 000

借：其他综合收益　　　　　　　　　　　　　　　　　　　　　　80 000

　　贷：投资收益　　　　　　　　　　　　　　　　　　　　　　　　80 000

（二）

（1）乙公司收到的补价占换出资产公允价值的比例小于25%，应按照非货币性资产交换核算。

　　甲公司换出资产的公允价值＝150+200+260＝610（万元）

　　乙公司换出资产的公允价值＝350+230＝580（万元）

（2）$\dfrac{\text{甲公司换入}}{\text{资产的总成本}}=\dfrac{\text{换出资产的}}{\text{公允价值}}+\dfrac{\text{换出资产的}}{\text{销项税额}}+\dfrac{\text{支付的}}{\text{补价}}-\dfrac{\text{换入资产的}}{\text{进项税额}}$

$$=610+150×17\%+4−350×17\%=580（万元）$$

　　$\dfrac{\text{乙公司换入}}{\text{资产的总成本}}=\dfrac{\text{换出资产的}}{\text{公允价值}}+\dfrac{\text{换出资产的}}{\text{销项税额}}-\dfrac{\text{收到的}}{\text{补价}}-\dfrac{\text{换入资产的}}{\text{进项税额}}$

$$=580+350×17\%−4−150×17\%=610（万元）$$

（3）甲公司的各项资产的入账价值：

换入的固定资产应分配的价值＝$\dfrac{230}{580}×580=230$（万元）

换入的原材料应分配的价值＝$\dfrac{350}{580}×580=350$（万元）

乙公司的各项资产的入账价值：

换入的库存商品应分配的价值＝$\dfrac{150}{610}×610=150$（万元）

换入的交易性金融资产应分配的价值＝$\dfrac{200}{610}×610=200$（万元）

换入的无形资产应分配的价值＝$\dfrac{260}{610}×610=260$（万元）

（4）甲公司的账务处理如下：

借：原材料　　　　　　　　　　　　　　　　　　　　　　　　　　350

　　固定资产　　　　　　　　　　　　　　　　　　　　　　　　　230

　　应交税费——应交增值税（进项税额）　　　　　　　　　　　59.5

　　累计摊销　　　　　　　　　　　　　　　　　　　　　　　　　100

　　无形资产减值准备　　　　　　　　　　　　　　　　　　　　　20

　　营业外支出——处置非流动资产损失　　　　　　　　　　　　　20

贷：主营业务收入	150
应交税费——应交增值税（销项税额）	25.5
交易性金融资产	180
投资收益	20
无形资产	400
银行存款	4
借：主营业务成本	100
贷：库存商品	100

乙公司的账务处理如下：

借：固定资产清理	300
累计折旧	200
贷：固定资产	500
借：库存商品	150
应交税费——应交增值税（进项税额）	25.5
交易性金融资产	200
无形资产	260
银行存款	4
营业外支出——处置非流动资产损失	70
贷：其他业务收入	350
应交税费——应交增值税（销项税额）	59.5
固定资产清理	300
借：其他业务成本	300
贷：原材料	300

学习情境十三　债务重组

一、单项选择题

1. D　2. C　3. C　4. C　5. B

二、多项选择题

1. AB　2. BCD　3. ABCD　4. AD　5. BC

三、判断题

1. ×　2. √　3. ×　4. ×　5. ×

四、简答题

1. 答：常见的债务重组包括以下几种形式：（1）以资产清偿债务；（2）将债务转为资本；（3）修改其他债务条件；（4）以上三种方式的组合。

2. 答：以修改其他债务条件进行债务重组，修改后的债务条款如涉及或有应付金额，且该或有应付金额符合《企业会计准则第13号——或有事项》中有关预计负债确认条件的，债务人应当将该或有应付金额确认为预计负债。比如，债务重组协议规定，债务人在债务重组后一定期间内，其业绩改善到一定程度或者符合一定要求（如扭亏为盈、摆脱财务困境等），应向债权人额外支付一定款项，当债务人承担的或有应付金额符合预计负债确认条件时，应当将该或有应付金额确认为预计负债。重组债务的账面价值与重组后债务的入账价值和预计负债金额之和的差额作为债务重组利得，计入营业外收入。或有应付金额在随后的会计期间没有发生的，企业应当冲销已确认的预计负债，同时确认营业外收入。

以修改其他债务条件进行债务重组的，修改后的债务条款中涉及或有应收金额的，债权人不应当确认或有应收金额，不得将其计入重组后债权的账面价值。根据谨慎性要求，或有应收金额属于或有资产，或有资产不予确认。只有在或有应收金额实际发生时，才计入当期损益。

五、账务处理题

（一）

2013年12月31日，发生债务重组时，

（1）恒通公司（债权人）：

计算恒通公司2013年12月31日该重组债权的账面余额：

恒通公司应收债权的余额 = 300×（1+8%×6÷12）= 312（万元）

恒通公司重组后债权的账面价值 = 312-60-40-12 = 200（万元）

恒通公司应确认的损失 = 312-60-200 = 52（万元）

借：固定资产	600 000
应收账款——债务重组	2 000 000
营业外支出——债务重组损失	520 000
贷：应收账款	3 120 000

（2）大华公司（债务人）：

大华公司重组后债务的入账价值 = 200（万元）

固定资产处置损失 = 100-30-5-60 = 5（万元）

债务重组利得 = 312-200-60 = 52（万元）

借：固定资产清理	650 000
累计折旧	300 000

借：固定资产减值准备   50 000

    贷：固定资产   1 000 000

借：应付账款   3 120 000

    营业外支出——处置非流动资产损失   50 000

    贷：固定资产清理   650 000

        应付账款——债务重组   2 000 000

        营业外收入——债务重组利得   520 000

2014 年 12 月 31 日债权、债务实际清偿时的会计处理如下：

（1）恒通公司：

借：银行存款   2 100 000

    贷：应收账款——债务重组   2 000 000

        财务费用   100 000

（2）大华公司：

借：应付账款——债务重组   2 000 000

    财务费用   100 000

    贷：银行存款   2 100 000

（二）

（1）甲公司 2011 年 12 月 31 日：

借：长期借款   16 250

    贷：长期借款——债务重组   10 000

        预计负债（10 000×（10%﹣7%）×3）   900

        营业外收入——债务重组利得   5 350

（2）假设甲公司 2012 年实现盈利，甲公司 2012 年年底和 2013 年年底支付利息时：

借：财务费用   700

    预计负债   300

    贷：银行存款   1 000

2014 年年底支付本息时：

借：长期借款——债务重组   10 000

    财务费用   700

    预计负债   300

    贷：银行存款   11 000

（3）假设甲公司 2012 年未实现盈利，甲公司 2012 年年底和 2013 年年底支付利息时：

借：财务费用   700

    贷：银行存款   700

借：预计负债   300

  贷：营业外收入   300

2014 年年底支付本息时：

借：长期借款——债务重组   10 000

    财务费用   700

  贷：银行存款   10 700

借：预计负债   300

  贷：营业外收入   300

学习情境十四　借款费用

一、单项选择题

1. D　2. A　3. B　4. A

二、多项选择题

1. ABD　2. ABCD　3. ABC　4. ACD

三、判断题

1. ×　2. ×　3. ×　4. √

四、简答题

1. 答：资产支出已经发生，是指企业为购建或生产符合资本化条件的资产的支出已经发生，包括企业以支付现金、转移非现金资产或者承担带息债务的形式发生的支出。支付现金，是指企业用货币资金支付符合资本化条件的资产的购建或者生产支出。转移非现金资产，是指企业将自己的非现金资产直接用于符合资本化条件的资产的购建或生产。承担带息债务，是指企业为购建或生产符合资本化条件的资产而承担的带息债务（如带息应付票据）。

2. 答：可从以下几个方面进行判断：（1）符合资本化条件的资产的实体建造（包括安装）或者生产工作已经全部完成或者实质上已经完成。（2）所购建或者生产的符合资本化条件的资产与设计要求、合同规定或者生产要求相符，即使有个别与设计、合同或生产要求不相符的地方，也不影响其正常使用或者销售。（3）继续发生在所购建或生产的符合资本化条件的资产上的支出金额很少或者几乎不再发生。购建或者生产符合资本化条件的资产需要试生产或者试运行的，在试生产结果表明资产能够正常生产出合格产品，或者试运行结果表明资产能够正常运转或者营业时，应当认为该资产已经达到预定可使用或者可销售状态。

五、账务处理题

（一）

资本化率＝（800×8%＋500×6%×$\frac{6}{12}$）÷（800＋500×$\frac{6}{12}$）×100%＝7.52%

（二）

（1）资本化区间为 2013 年 1 月 1 日至 2014 年 6 月 30 日。

（2）2013 年资本化利息：

2013 年借款利息＝2 000×6%＋4 000×7%×$\frac{6}{12}$＝260（万元）

2013 年闲置资金收益＝500×0.5%×6＋2 000×0.5%×6＝75（万元）

2013 年利息资本化金额＝260－75＝185（万元）

2014 年 1—6 月资本化利息：

2014 年借款利息＝（2 000×6%＋4 000×7%）×$\frac{6}{12}$＝200（万元）

2014 年闲置资金收益＝500×0.5%×6＝15（万元）

2014 年利息资本化金额＝200－15＝185（万元）

（3）该项办公楼入账价值＝5 500＋185＋185＋500＝6 370（万元）

学习情境十五　资产减值

一、单项选择题

1. D　2. A　3. B　4. A　5. B　6. C

二、多项选择题

1. ABC　2. ACD　3. BCD　4. BD　5. ABD　6. ABC

三、判断题

1. ×　2. ×　3. √　4. √　5. ×　6. ×

四、简答题

1. 答：资产可能发生减值的迹象主要包括以下方面：

（1）资产的市价当期大幅度下跌，其跌幅明显高于因时间的推移或者正常使用而预计的下跌；

（2）企业经营所处的经济、技术或者法律等环境以及资产所处的市场在当期或者将在近期发生重大变化，从而对企业产生不利影响；

（3）市场利率或者其他市场投资报酬率在当期已经提高，从而影响企业计算资产预计未来现金流量现值的折现率，导致资产可收回金额大幅度降低；

（4）有证据表明资产已经陈旧过时或者其实体已经损坏；

（5）资产已经或者将被闲置、终止使用或者计划提前处置；

（6）企业内部报告的证据表明资产的经济绩效已经低于或者将低于预期，如资产所创造的净现金流量或者实现的营业利润（或者亏损）远远低于（或者高于）预计金额等。

2. 答：一般认为，流动资产（如存货等）计提的减值准备，如果在持有期间减记资产价值的影响因素已经消失，则减记的金额应当予以恢复，并在原已计提的减值准备金额内转回；非流动资产（固定资产、无形资产、长期股权投资、采用成本模式计量的投资性房地产）计提的减值准备，即使以后价值回升，其减值准备在持有期间也不可以转回。但是金融资产比较特殊，尽管持有至到期投资、可供出售金融资产属于非流动资产，但是如果价值回升，其减值准备也可以在允许的范围内转回。

上述非流动资产减值准备不可以转回，一方面是考虑到其价值回升的可能性比较小，通常属于永久性减值；另一方面从会计信息稳健性要求考虑，为了避免确认资产重估增值和操纵利润，所以规定不得转回。以前期间计提的资产减值准备，需要等到资产处置时才可以转回。

五、账务处理题

（一）

（1）2012年年末应计提的存货跌价准备为：863 000－857 220＝5 780（元）

计提前"存货跌价准备"科目的余额为4 210元。

应补提存货跌价准备为：5 780－4 210＝1 570（元）

借：资产减值损失——存货减值损失　　　　　　　　　　1 570

　　贷：存货跌价准备　　　　　　　　　　　　　　　　　　1 570

（2）2013年年末应计提的存货跌价准备为：629 000－624 040＝4 960（元）

计提前"存货跌价准备"科目的余额为5 780元。

应冲减前已计提的存货跌价准备：5 780－4 960＝820（元）

借：存货跌价准备　　　　　　　　　　　　　　　　　　820

　　贷：资产减值损失——存货减值损失　　　　　　　　　　820

（3）2014年7月，处理生产中已不再需要，并且已无使用价值和转让价值的材料：

借：资产减值损失——存货减值损失　　　　　　　　　7 040

　　存货跌价准备　　　　　　　　　　　　　　　　4 960

　　贷：原材料　　　　　　　　　　　　　　　　　　　12 000

2014年年末应计提的存货跌价准备为：736 500－734 170＝2 330（元）

计提前"存货跌价准备"科目的余额为 0。

应计提的存货跌价准备为：2 330-0=2 330（元）

借：资产减值损失——存货减值损失　　　　　　　　　　2 330

　　贷：存货跌价准备　　　　　　　　　　　　　　　　　　　　2 330

（二）

（1）机器设备公允价值减去处置费用后的净额=2 000-100=1 900（万元）

$$\text{机器设备预计未来现金流量的现值} = \sum [\text{第 t 年预计资产未来现金流量} \div (1 + \text{折现率})^t]$$

$$= 600 \div (1 + 5\%) + 540 \div (1 + 5\%)^2 + 480 \div (1 + 5\%)^3 + 370 \div (1 + 5\%)^4 + 300 \div (1 + 5\%)^5$$

$$= 2\ 015.32\ （万元）$$

机器的可收回金额为 2 015.32 万元。

固定资产减值损失=（8 000-5 000）-2 015.32=984.68（万元）

（2）对于专有技术，企业的无形资产在被新技术所代替时，若已无使用价值和转让价值则全额计提减值准备；若仅是其创造经济利益的能力受到重大影响而仍有一定价值时，则应当分析其剩余价值，认定其本期应计提的减值准备。

无形资产应计提的减值准备=（190-100）-30=60（万元）

（3）2013 年 12 月 31 日：

C 设备账面价值=4 900-（4 900-100）÷8×3-360=2 740（万元）

2014 年 12 月 31 日：

C 设备账面价值=2 740-（2 740-100）÷5=2 212（万元）

该项资产的可收回金额为 2 600 万元，可收回金额高于账面价值，不需要计提减值准备。

（4）长期股权投资的投资成本 2 700 万元大于可收回金额 2 100 万元，应计提长期股权投资减值准备为：

2 700-2 100=600（万元）

编制会计分录：

借：资产减值损失　　　　　　　　　　　　　　　　　1 644.68

　　贷：固定资产减值准备　　　　　　　　　　　　　　　　　　984.68

　　　　无形资产减值准备　　　　　　　　　　　　　　　　　　　60

　　　　长期股权投资减值准备　　　　　　　　　　　　　　　　　600

（三）

（1）首先，计算 A、B 资产组和各设备的账面价值：

A 资产组不包含商誉的账面价值=1 500-1 500÷5=1 200（万元）

其中：X 设备的账面价值=400-400÷5=320（万元）

Y 设备的账面价值=500-500÷5=400（万元）

Z 设备的账面价值=600-600÷5=480（万元）

B 资产组不包含商誉的账面价值=1 000-1 000÷5=800（万元）

其中：S 设备的账面价值=300-300÷5=240（万元）

T 设备的账面价值=700-700÷5=560（万元）

其次，对不包含商誉的资产组进行减值测试，计算可收回金额和减值损失。

①A 资产组的可收回金额为 1 000 万元小于其不包含商誉的账面价值 1 200 万元，应确认资产减值损失 200 万元。

②B 资产组的可收回金额为 820 万元，大于其不包含商誉的账面价值 800 万元，不确认减值损失。

最后，对包含商誉的资产组进行减值测试，计算可收回金额和减值损失。

① A 资产组包含商誉的账面价值=1 500-1 500÷5+60=1 260（万元）

A 资产组的可收回金额为 1 000 万元，小于其包含商誉的账面价值 1 260 万元，应确认资产减值损失 260 万元。减值损失 260 万元应先抵减分摊到资产组商誉的账面价值 60 万元，其余减值损失 200 万元再在 X、Y、Z 设备之间按账面价值的比例进行分摊。

X 设备分摊的减值损失=200×320÷1 200=53.33（万元）

Y 设备应分摊的减值损失=200×400÷1 200=66.67（万元）

Z 设备应分摊的减值损失=200×480÷1 200=80（万元）

注：这里体现了一个思路，即减值损失最终是要分摊至各单项资产。

②B 资产组包含商誉的账面价值=1 000-1 000÷5+40=840（万元）

B 资产组的可收回金额为 820 万元，小于其包含商誉的账面价值 840 万元，应确认资产减值损失 20 万元，抵减分摊到资产组的商誉的账面价值 20 万元，B 资产组未发生减值损失。

（2）甲公司应编制的会计分录如下：

借：资产减值损失——商誉减值损失（60+20）　　　　　　　　80

　　贷：商誉减值准备　　　　　　　　　　　　　　　　　　　　80

借：资产减值损失——固定资产减值损失　　　　　　　　　　200

　　贷：固定资产减值准备——X 设备　　　　　　　　　　　53.33

　　　　　　　　　　　　　——Y 设备　　　　　　　　　　　66.67

　　　　　　　　　　　　　——Z 设备　　　　　　　　　　　80

学习情境十六　外币折算

一、单项选择题

1. D　2. A　3. C　4. C

二、多项选择题

1. ABCD　2. BD　3. AC　4. AB

三、判断题

1. × 　2. √ 　3. × 　4. ×

四、简答题

1. 答：外币交易主要包括以下内容：（1）买入或者卖出以外币计价的商品或者劳务。企业在生产过程中，因国内技术所限，从国外购买原材料，或为开拓国际市场，向国外出口商品。（2）借入或者借出外币资金。企业在生产过程中，因国内资金限制，从国外银行或其他金融机构借款。（3）其他以外币计价或者结算的交易。比如，企业接受国外投资者以外币投资。

2. 答：货币性项目是企业持有的货币和将以固定或可确定金额的货币收取的资产或者偿付的负债。货币性项目分为货币性资产和货币性负债；货币性资产包括库存现金、银行存款、应收账款、其他应收款、长期应收款等。

五、账务处理题

（一）

购汇业务的会计分录如下：

借：银行存款——美元户（USD20 000×6.12）　　　　　　122 400

　　财务费用——汇兑损益　　　　　　　　　　　　　　　200

　　贷：银行存款——人民币户（USD20 000×6.13）　　　　　　122 600

（二）

（1）6月1日：

借：应付账款（USD46 000×6.12）　　　　　　　　　281 520

　　财务费用——汇兑损益　　　　　　　　　　　　　　460

　　贷：银行存款——美元户（USD46 000×6.13）　　　　　281 980

6月16日：

借：应收账款（USD68 000×6.13）　　　　　　　　　416 840

　　贷：主营业务收入　　　　　　　　　　　　　　　　　　416 840

6月21日：

借：在途物资　　　　　　　　　　　　　　　　　　306 000

　　贷：应付账款（USD50 000×6.12）　　　　　　　　　　306 000

（2）调整各外币账户的期末余额如表2-16-1所示：

借：银行存款——美元户　　　　　　　　　　　　　　360

　　应付账款　　　　　　　　　　　　　　　　　　　500

　　财务费用——汇总损益　　　　　　　　　　　　　1 020

　　贷：应收账款　　　　　　　　　　　　　　　　　　　1 880

表 2-16-1　　　　　　　　调整各外币账户的期末余额

账户名称	外币金额（美元）	月末汇率	按月末汇率折算（元）	原账面人民币（元）	汇兑损益（元）
银行存款——美元户	10 000	6.11	61 100	60 740	360
应收账款	120 000	6.11	733 200	735 080	−1 880
应付账款	50 000	6.11	305 500	306 000	−500

学习情境十七　租赁

一、单项选择题

1. C　2. B　3. A　4. D　5. D　6. D

二、多项选择题

1. ACE　2. ABC　3. ABCDE　4. ABCDE　5. ACDE

三、判断题

1. ×　2. √　3. √　4. ×　5. √

四、简答题

1. 答：满足下列标准之一的，应认定为融资租赁：

（1）在租赁期届满时，资产的所有权转移给承租人。即如果在租赁协议中已经约定，或者根据其他条件在租赁开始日就可以合理地判断，租赁期届满时出租人会将资产的所有权转移给承租人，那么该项租赁应当认定为融资租赁。

（2）承租人有购买租赁资产的选择权，所订立的购价预计远低于行使选择权时租赁资产的公允价值，因而在租赁开始日就可合理地确定承租人将会行使这种选择权。

（3）租赁期占租赁资产使用寿命的大部分。这里的"大部分"掌握在租赁期占租赁开始日租赁资产使用寿命的 75% 以上（含 75%，下同）。

（4）就承租人而言，租赁开始日最低租赁付款额的现值几乎相当于租赁开始日租赁资产公允价值（最低租赁付款现值/租赁资产公允价值≥90%）；就出租人而言，租赁开始日最低租赁收款额的现值几乎相当于租赁开始日租赁资产公允价值（最低租赁收款现值/租赁资产公允价值≥90%）。

（5）租赁资产性质特殊，如果不作较大修整，只有承租人才能使用。这条标准是指租赁资产是出租人根据承租人对资产型号、规格等方面的特殊要求专门购买或建造的，具有专购、专用性质。这些租赁资产如果不作较大的重新改制，其他企业通常难以使用。在这种情况下，该项租赁也应当认定为融资租赁。

2. 答：售后租回交易是一种特殊形式的租赁业务，是指卖主（即承租人）将一项自制或外购的资产出售后，又将该项资产从买主（即出租人）租回，习惯上称之为"回租"。

售后租回承租人的会计处理如下：

（1）出售资产时：

借：固定资产清理（固定资产账面净值）
　　累计折旧（固定资产已提折旧）
　　固定资产减值准备（固定资产已提折旧）
　　贷：固定资产（固定资产的账面原价）

（2）收到出售资产的价款时：

借：银行存款（实际收到的价款）
　　贷：固定资产清理

按借贷方的差额借记或贷记"递延收益——未实现售后租回损益（融资租赁或经营租赁）"、"营业外收入"、"营业外支出"等科目。

（3）租回资产时，判断租赁资产的类型：

如果形成一项融资租赁：

借：固定资产——融资租入固定资产（按租赁资产的公允价值与最低租赁付款额的现值两者中的较低者）
　　未确认融资费用（借贷方的差额）
　　贷：长期应付款——应付融资租赁款（按最低租赁付款额）

如果形成一项经营租赁，则作备查登记。

（4）各期根据该项租赁资产的折旧进度或租金支付比例分摊未实现售后租回损益时，借记或贷记"递延收益——未实现售后租回损益（融资租赁或经营租赁）"科目，贷记或借记"制造费用"、"销售费用"、"管理费用"等科目。

五、账务处理题

（一）

（1）本租赁属于融资租赁。理由：该最低租赁付款额的现值 $= 800 \times 3.4651 + 300 \times 0.7921 = 3\ 009.71$（万元），占租赁资产公允价值（3 100 万元）的90%以上，符合融资租赁的判断标准；另外，租赁期占资产尚可使用年限的80%（$4 \div 5 \times 100\%$），大于75%。因此，该项租赁应当认定为融资租赁。

（2）起租日的会计分录：

最低租赁付款额 $= 800 \times 4 + 300 = 3\ 500$（万元）

租赁资产的入账价值 = 3 009.71（万元）

未确认的融资费用 = 3 500 - 3 009.71 = 490.29（万元）

借：固定资产——融资租入固定资产   3 009.71

  未确认融资费用   490.29

 贷：长期应付款——应付融资租赁款   3 500

（3）

①2011 年 12 月 31 日：

支付租金时：

借：长期应付款——应付融资租赁款   800

 贷：银行存款   800

确认当年应分摊的融资费用：

当年应分摊的融资费用 = 3 009.71×6% = 180.58（万元）

借：财务费用   180.58

 贷：未确认融资费用   180.58

计提折旧：

计提折旧 = （3 009.71 - 300）÷4 = 677.43（万元）

借：制造费用——折旧费   677.43

 贷：累计折旧   677.43

②2012 年 12 月 31 日：

支付租金：

借：长期应付款——应付融资租赁款   800

 贷：银行存款   800

确认当年应分摊的融资费用：

当年应分摊的融资费用 = ［3 009.71 - （800 - 180.58）］×6% = 143.42（万元）

借：财务费用   143.42

 贷：未确认融资费用   143.42

计提折旧：

借：制造费用——折旧费   677.43

 贷：累计折旧   677.43

③2013 年 12 月 31 日：

支付租金：

借：长期应付款——应付融资租赁款   800

 贷：银行存款   800

确认当年应分摊的融资费用：

当年应分摊的
融资费用 = ［3009.71 - （800 - 180.58）- （800 - 143.42）］×6% = 104.02（万元）

借：财务费用   104.02

    贷：未确认融资费用　　　　　　　　　　　　　　　　　　104.02

计提折旧：

借：制造费用——折旧费　　　　　　　　　　　　　　　677.43

    贷：累计折旧　　　　　　　　　　　　　　　　　　　677.43

④2014 年 12 月 31 日：

支付租金：

借：长期应付款——应付融资租赁款　　　　　　　　　　800

    贷：银行存款　　　　　　　　　　　　　　　　　　　800

确认当年应分摊的融资费用：

当年应分摊的融资费用＝490.29－180.58－143.42－104.02＝62.27（万元）

借：财务费用　　　　　　　　　　　　　　　　　　　　62.27

    贷：未确认融资费用　　　　　　　　　　　　　　　　62.27

计提折旧：

借：制造费用——折旧费　　　　　　　　　　　　　　　677.43

    贷：累计折旧　　　　　　　　　　　　　　　　　　　677.43

归还设备：

借：长期应付款——应付融资租赁款　　　　　　　300

    累计折旧　　　　　　　　　　　　　　　　　2 709.71

    贷：固定资产——融资租入固定资产　　　　　　　　3 009.71

（二）

（1）承租人（A 企业）的会计处理。

①判断租赁类型。

该设备已使用年限占全新使用年限的 60%，小于 75%，且租赁期占尚可使用年限的 100%，大于 75%，满足融资租赁的判断标准，所以为融资租赁。

②确定租赁资产的入账价值。

最低租赁付款额＝50×4+30＝230（万元）

最低租赁付款额的现值＝$50÷1.06^4+50÷1.06^3+50÷1.06^2+50÷1.06+30÷1.06^4$

　　　　　　　　　　＝197.02（万元）

以最低租赁付款额的现值和公允价值的较低者作为融资租入固定资产的入账价值，即为 190 万元。

③计算未确认融资费用。

未确认融资费用＝最低租赁付款额－固定资产入账价值＝230－190＝40（万元）

④在租赁期内采用实际利率法分摊未确认融资费用（见表 2-17-1）。

⑤利用年数总和法计提融资租入固定资产折旧（见表 2-17-2）。

⑥账务处理。

2010 年 12 月 31 日：

表 2-17-1

未确认融资费用分摊表

2011 年 1 月 1 日

单位：元

日期	租金	确认的融资费用	应付本金减少额	应付本金余额
2011 年 1 月 1 日				1 900 000.00
2011 年 12 月 31 日	500 000	142 310.00	357 690.00	1 542 310.00
2012 年 12 月 31 日	500 000	115 519.02	384 480.98	1 157 829.02
2013 年 12 月 31 日	500 000	86 721.39	413 278.61	744 550.41
2014 年 12 月 31 日	500 000	55 449.59	444 550.41	300 000.00
合计	2 000 000	400 000.00	1 600 000.00	300 000.00

表 2-17-2

融资租入固定资产折旧计算表

2011 年 1 月 1 日

金额单位：元

日期	固定资产原价	估计余值	折旧率	当年折旧	累计折旧	固定资产净值
2011 年 1 月 1 日	1 900 000	300 000				1 600 000
2011 年 12 月 31 日			40%	640 000	640 000	960 000
2012 年 12 月 31 日			30%	480 000	1 120 000	480 000
2013 年 12 月 31 日			20%	320 000	1440 000	160 000
2014 年 12 月 31 日			10%	160 000	1600 000	0
合计	1 900 000	300 000	100%	1 600 000	—	—

借：固定资产——融资租入固定资产　　　　　　　　1 900 000

　　未确认融资费用　　　　　　　　　　　　　　400 000

　　贷：长期应付款——应付融资租赁款　　　　　　　　　2 300 000

2011 年 12 月 31 日：

借：长期应付款——应付融资租赁款　　　　　　　500 000

　　贷：银行存款　　　　　　　　　　　　　　　　　　500 000

2011 年 12 月 31 日确认本年应分摊的未确认融资费用：

借：财务费用　　　　　　　　　　　　　　　　　142 310

　　贷：未确认融资费用　　　　　　　　　　　　　　　142 310

2011 年 12 月 31 日支付维修费用等：

借：管理费用　　　　　　　　　　　　　　　　　40 000

　　贷：银行存款　　　　　　　　　　　　　　　　　　40 000

2011 年 12 月 31 日计提本年折旧：

借：制造费用——折旧费用 640 000
　　贷：累计折旧 640 000

2012 年 12 月 31 日：
借：长期应付款——应付融资租赁款 500 000
　　贷：银行存款 500 000

2012 年 12 月 31 日确认本年应分摊的未确认融资费用：
借：财务费用 115 519.02
　　贷：未确认融资费用 115 519.02

2012 年 12 月 31 日支付维修费用等：
借：管理费用 40 000
　　贷：银行存款 40 000

2012 年 12 月 31 日本年折旧：
借：制造费用——折旧费 480 000
　　贷：累计折旧 480 000

2013 年 12 月 31 日：
借：长期应付款——应付融资租赁款 500 000
　　贷：银行存款 500 000

2013 年 12 月 31 日确认本年应分摊的未确认融资费用：
借：财务费用 86 721.39
　　贷：未确认融资费用 86 721.39

2013 年 12 月 31 日支付维修费用等：
借：管理费用 40 000
　　贷：银行存款 40 000

2013 年 12 月 31 日计提本年折旧：
借：制造费用——折旧费 320 000
　　贷：累计折旧 320 000

2014 年 12 月 31 日：
借：长期应付款——应付融资租赁款 500 000
　　贷：银行存款 500 000

2014 年 12 月 31 日确认本年应分摊的未确认融资费用：
借：财务费用 55 449.59
　　贷：未确认融资费用 55 449.59

2014 年 12 月 31 日支付维修费用等：
借：管理费用 40 000
　　贷：银行存款 40 000

2014 年 12 月 31 日计提本年折旧：

借：制造费用——折旧费用   160 000

    贷：累计折旧   160 000

2014 年 12 月 31 日 A 企业将设备退还给 B 公司：

借：长期应付款——应付融资租赁款   300 000

    累计折旧   1 600 000

    贷：固定资产——融资租入固定资产   1 900 000

（2）出租人（B 公司）的会计处理。

①判断租赁类型。

该设备已使用年限占全新使用年限的 60%，小于 75%，且租赁期占尚可使用年限的 100%，大于 75%，满足融资租赁的判断标准，所以为融资租赁。

②计算租赁开始日最低租赁收款额及其现值和未实现融资收益。

最低租赁收款额 = 50×4+30+20 = 250（万元）

最低租赁收款额+未担保余值 = 260（万元）

未实现融资收益 = 260-190 = 70（万元）

③计算租赁期内各期应分配的未实现融资收益（见表 2-17-3）。

表 2-17-3   **未实现融资收益分配表**

2011 年 1 月 1 日   单位：元

日期	租金	确认的融资收入	租赁投资净额减少额	租赁投资净额余额
2011 年 1 月 1 日				1 900 000.00
2011 年 12 月 31 日	500 000	228 000.00	27 2000.00	1 628 000.00
2012 年 12 月 31 日	500 000	195 360.00	304 640.00	1 323 360.00
2013 年 12 月 31 日	500 000	158 803.20	341 196.80	982 163.20
2014 年 12 月 31 日	500 000	117 836.80	382 163.20	600 000.00
合计	2 000 000	700 000.00	1 300 000.00	

④账务处理。

2010 年 12 月 31 日按最低租赁收款额确认为应收融资租赁款：

借：长期应收款   2 500 000

    未担保余值   100 000

    贷：固定资产——融资租赁资产   1 900 000

         未实现融资收益   700 000

2011 年 12 月 31 日：

收到租金时，

借：银行存款   500 000

    贷：长期应收款   500 000

确认融资收入时，

借：未实现融资收益　　　　　　　　　　　　　　　228 000
　　贷：租赁收入　　　　　　　　　　　　　　　　　　　　228 000
2012 年 12 月 31 日：
收到租金时，
借：银行存款　　　　　　　　　　　　　　　　　　500 000
　　贷：长期应收款　　　　　　　　　　　　　　　　　　　500 000
确认融资收入时，
借：未实现融资收益　　　　　　　　　　　　　　　195 360
　　贷：租赁收入　　　　　　　　　　　　　　　　　　　　195 360
2013 年 12 月 31 日：
收到租金时，
借：银行存款　　　　　　　　　　　　　　　　　　500 000
　　贷：长期应收款　　　　　　　　　　　　　　　　　　　500 000
确认融资收入时，
借：未实现融资收益　　　　　　　　　　　　　　158 803.20
　　贷：租赁收入　　　　　　　　　　　　　　　　　　158 803.20
2014 年 12 月 31 日：
收到租金时，
借：银行存款　　　　　　　　　　　　　　　　　　500 000
　　贷：长期应收款　　　　　　　　　　　　　　　　　　　500 000
确认融资收入时，
借：未实现融资收益　　　　　　　　　　　　　　117 836.80
　　贷：租赁收入　　　　　　　　　　　　　　　　　　117 836.80
收回设备时，
借：固定资产——融资租赁资产　　　　　　　　　　600 000
　　贷：长期应收款　　　　　　　　　　　　　　　　　　　500 000
　　　　未担保余值　　　　　　　　　　　　　　　　　　　100 000
（三）
（1）租赁开始日是 2011 年 12 月 1 日。
（2）租赁期开始日是 2012 年 1 月 1 日。
（3）甲公司确定租赁类型的日期是 2011 年 12 月 1 日。
（4）承租方（甲公司）会计处理（说明：为了让学生更容易理解，采用最为详细的说明作为参考答案，考试时可适当进行简化处理以节省时间）。
第一步，判断租赁类型。
甲公司存在优惠购买选择权，优惠购买价 100 元远低于行使选择权日租赁资产的公允价值 80 000 元，所以在租赁开始日，即 2011 年 12 月 1 日就可合理确定甲公

司将会行使这种选择权，符合第 2 条判断标准；另外，最低租赁付款额的现值为
715 116.6 元（计算过程见后），大于租赁资产公允价值的 90% 即 630 000 元，符合第（4）条判断标准，所以这项租赁应当认定为融资租赁。

第二步，计算租赁开始日最低租赁付款额的现值。

租赁资产入账价值（最低租赁付款额）= 各期租金之和 + 行使优惠购买选择权支付的金额
= 150 000×6+100 = 900 100（元）

计算现值的过程如下：

每期租金 150 000 元的年金现值 = 150 000×（P/A，7%，6）
优惠购买选择权行使价 100 元的复利现值 = 100×（P/F，7%，6）
查表得知：（P/A，7%，6）= 4.767，（P/F，7%，6）= 0.666
现值合计 = 150 000×4.767+100×0.666 = 71 5116.6 元 > 700 000 元

根据公允价值与最低租赁付款额现值孰低原则，租赁资产的入账价值应为其公允价值 700 000 元。

第三步，计算未确认融资费用。

未确认融资费用 = 最低租赁付款额 − 租赁开始日租赁资产的公允价值
= 900 100 − 700 000 = 200 100（元）

第四步，将初始直接费用计入资产价值。

初始直接费用 1 000 元计入固定资产成本。

第五步，编制会计分录。

2012 年 1 月 1 日：

借：固定资产——融资租入固定资产 701 000
　　未确认融资费用 200 100
　　贷：长期应付款——应付融资租赁款 900 100
　　　　银行存款 1 000

（5）承租方未确认融资费用分摊的处理。

第一步，确定融资费用分摊率。

由于租赁资产入账价值为其公允价值，因此应重新计算融资费用分摊率。

计算过程如下：

根据租赁开始日最低租赁付款额的现值 = 租赁开始日租赁资产公允价值，可以得出：

150 000×（P/A，r，6）+100×（P/F，r，6）= 700 000

可在多次测试的基础上，用插值法计算融资费用分摊率。

当 r = 7% 时，
150 000×4.767 + 100×0.666 = 715 050 + 66.6 = 715 116.6 > 700 000

当 r = 8% 时，
150 000×4.623 + 100×0.630 = 693 450 + 63 = 693 513 < 700 000

 现值　　　　利率

715 116.6　　　7%

700 000　　　　r

693 513　　　　8%

（715 116.6－700 000）÷（715 116.6－693 513）＝（7%－r）÷（7%－8%）

r＝（21 603.6×7% +15 116.6×l%）÷21 603.6＝7.70%

即融资费用分摊率为7.70%。

第二步，在租赁期内采用实际利率法分摊未确认融资费用，其计算过程见表2-17-4，并作会计分录。

表2-17-4　　　　　　　　　　未确认融资费用分摊计算表

2011 年 12 月 31 日　　　　　　　　　　　　　单位：元

日期 ①	租金 ②	确认的融资费用 ③＝期初⑤×7.7%	应付本金的减少额 ④＝②－③	应付本金余额 ⑤
（1）2011 年 12 月 31 日				700 000.00
（2）2012 年 6 月 30 日	150 000.00	53 900.00	96 100.00	603 900.00
（3）2012 年 12 月 31 日	150 000.00	46 500.30	103 499.70	500 400.30
（4）2013 年 6 月 30 日	150 000.00	38 530.82	111 469.18	388 931.12
（5）2013 年 12 月 31 日	150 000.00	29 947.70	120 052.30	268 878.82
（6）2014 年 6 月 30 日	150 000.00	20 703.67	129 296.33	139 582.49
（7）2014 年 12 月 31 日	150 000.00	10 517.51*	139 482.49*	100.00
（8）2014 年 12 月 31 日	100.00		100.00	
合计	900 100.00	200 100.00	700 000.00	

*作尾数调整：10 517.51＝150 000－139 482.49；139 482.49＝139 582.49－100。

2012 年 6 月 30 日，支付第一期租金：

借：长期应付款——应付融资租赁款　　　　　　　　　　　　150 000

　　贷：银行存款　　　　　　　　　　　　　　　　　　　　　　　150 000

借：财务费用　　　　　　　　　　　　　　　　　　　　　　53 900

　　贷：未确认融资费用　　　　　　　　　　　　　　　　　　　　53 900

2012 年 12 月 31 日，支付第二期租金：

借：长期应付款——应付融资租赁款　　　　　　　　　　　　150 000

　　贷：银行存款　　　　　　　　　　　　　　　　　　　　　　　150 000

借：财务费用　　　　　　　　　　　　　　　　　　　　　46 500.30

　　贷：未确认融资费用　　　　　　　　　　　　　　　　　　46 500.30

2013 年 6 月 30 日，支付第三期租金：

借：长期应付款——应付融资租赁款　　　　　　　　　　150 000

　　贷：银行存款　　　　　　　　　　　　　　　　　　　　　　150 000

借：财务费用　　　　　　　　　　　　　　　　　38 530.82

　　贷：未确认融资费用　　　　　　　　　　　　　　　　　38 530.82

2013 年 12 月 31 日，支付第四期租金：

借：长期应付款——应付融资租赁款　　　　　　　　　　150 000

　　贷：银行存款　　　　　　　　　　　　　　　　　　　　　　150 000

借：财务费用　　　　　　　　　　　　　　　　　29 947.70

　　贷：未确认融资费用　　　　　　　　　　　　　　　　　29 947.70

2014 年 6 月 30 日，支付第五期租金：

借：长期应付款——应付融资租赁款　　　　　　　　　　150 000

　　贷：银行存款　　　　　　　　　　　　　　　　　　　　　　150 000

借：财务费用　　　　　　　　　　　　　　　　　20 703.67

　　贷：未确认融资费用　　　　　　　　　　　　　　　　　20 703.67

2014 年 12 月 31 日，支付第六期租金：

借：长期应付款——应付融资租赁款　　　　　　　　　　150 000

　　贷：银行存款　　　　　　　　　　　　　　　　　　　　　　150 000

借：财务费用　　　　　　　　　　　　　　　　　10 517.51

　　贷：未确认融资费用　　　　　　　　　　　　　　　　　10 517.51

（四）

（1）2013 年 12 月 31 日有关结转出售固定资产账面价值的会计分录：

借：固定资产清理　　　　　　　　　　　　　　　900 000

　　累计折旧　　　　　　　　　　　　　　　　　　10 000

　　贷：固定资产　　　　　　　　　　　　　　　　　　　　910 000

（2）计算 2013 年 12 月 31 日未实现售后租回损益并编制有关会计分录：

未实现售后租回损益=售价–资产的账面价值=售价–（资产的账面原价–累计折旧）

　　　　　　　　　　=1 050 000–（910 000–10 000）=150 000（元）

借：银行存款　　　　　　　　　　　　　　　　　1 050 000

　　贷：固定资产清理　　　　　　　　　　　　　　　　　　900 000

　　　　递延收益——未实现售后租回损益（融资租赁）　　　150 000

（3）2014 年 12 月 31 日，在折旧期内按折旧进度（在本题中即年限平均法）分摊未实现售后租回损益。由于租赁资产的折旧期为 5 年，因此，未实现售后租回损益的分摊期也为 5 年。

借：递延收益——未实现售后租回损益（融资租赁）（150 000÷5）

　　　　　　　　　　　　　　　　　　　　　　30 000

　　贷：制造费用　　　　　　　　　　　　　　　　　　　　30 000

（五）

甲公司的会计处理如下：

根据资料分析，该项租赁属于经营租赁。

（1）2014 年 1 月 1 日，结转出售固定资产的成本，确认未实现售后租回损益。

借：固定资产清理   3 100

    贷：固定资产   3 100

借：银行存款   3 000

    递延收益——未实现售后租回损益（经营租赁）   100

    贷：固定资产清理   3 100

（2）2014 年 12 月 31 日，支付租金。

借：管理费用——租赁费   60

    贷：银行存款   60

（3）2014 年 12 月 31 日，分摊未实现售后租回损益。

借：管理费用——租赁费   25

    贷：递延收益——未实现售后租回损益（经营租赁）（100÷4）   25

其他各年分录略。

学习情境十八　会计政策、会计估计变更和差错更正

一、单项选择题

1. C　2. B　3. A　4. D　5. C

二、多项选择题

1. AB　2. BC　3. ABD　4. BCD　5. AC

三、判断题

1. ×　2. ×　3. ×　4. ×　5. ×

四、简答题

1. 答：追溯调整法运用的一般步骤包括：第一步，计算会计政策变更的累积影响数；第二步，编制相关项目的调整分录；第三步，调整列报前期最早期初财务报表相关项目及其金额；第四步，附注说明。

2. 答：企业应当在附注中披露与前期差错更正有关的下列信息：（1）前期差错的性质；（2）各个列报前期财务报表中受影响的项目名称和更正金额；（3）无法进行追溯重述的，说明该事实和原因以及对前期差错开始进行更正的时点、具体

更正情况。在以后期间的财务报表中，不需要重复披露在以前期间的附注中已披露的前期差错更正的信息。

五、账务处理题

（一）

（1）以上两项固定资产折旧方法的变更属于会计估计变更，不需要追溯调整。

（2）变更前应计提折旧额＝900÷12＝75（万元）

变更后应计提折旧额＝（900－225）×2÷5＝270（万元）

（3）管理用设备2012年计提的折旧额＝200×20％＝40（万元）

管理用设备2013年计提的折旧额＝（200－40）×2÷10＝32（万元）

2014年1月1日设备的账面净值＝200－40－32＝128（万元）

变更前：管理用设备2014年计提的折旧额＝（200－40－32）×2÷10＝25.6（万元）

变更后：管理用设备2014年计提的折旧额＝（128－8）÷（8－2）＝20（万元）

（4）上述会计估计变更使2014年净利润减少：

［（270－75）＋（20－25.6）］×（1－25％）＝142.05（万元）

（二）

（1）计算改变交易性金融资产计量方法后的累积影响数并填表（见表2-18-1）。

表2-18-1　　　　改变交易性金融资产计量方法后的累积影响数　　　　单位：万元

时间	公允价值	成本与市价孰低	税前差异	所得税影响	税后差异
2012年年末	510	450	60	15	45
2013年年末	640	560	80	20	60
合计	—	—	140	35	105

甲公司在2012年年末按公允价值计量的账面价值为510万元，按成本与市价孰低法计量的账面价值为450万元，两者的所得税影响合计为15万元，两者差异的税后净影响额为45万元，即为该公司2013年期初由成本与市价孰低改为公允价值的累积影响数。

甲公司在2013年年末按公允价值计量的账面价值为640万元，按成本与市价孰低计量的账面价值为560万元，两者的所得税影响合计为20万元，两者差异的税后净影响额为60万元，其中，45万元是调整2013年累积影响数，15万元是调整2013年当期金额。

（2）编制有关项目的调整分录。

①对2012年有关事项的调整分录：

调整会计政策变更累积影响数：

借：交易性金融资产——公允价值变动　　　　　　　　　　　　60

  贷：利润分配——未分配利润   45

    递延所得税负债   15

  调整利润分配：

  按照净利润的 10% 提取法定盈余公积，按照净利润的 5% 提取任意盈余公积，共计提取盈余公积为：

  $45 \times 15\% = 6.75$（万元）

  借：利润分配——未分配利润   6.75

   贷：盈余公积   6.75

  ②对 2013 年有关事项的调整分录：

  调整交易性金融资产：

  借：交易性金融资产——公允价值变动   20

   贷：利润分配——未分配利润   15

    递延所得税负债   5

  调整利润分配：

  按照净利润的 10% 提取法定盈余公积，按照净利润的 5% 提取任意盈余公积，共计提取盈余公积为：

  $15 \times 15\% = 2.25$（万元）

  借：利润分配——未分配利润   2.25

   贷：盈余公积   2.25

  （3）财务报表调整和重述。

  甲公司在列报 2014 年财务报表时，应调整 2014 年资产负债表有关项目的年初余额、利润表有关项目的上年金额及所有者权益变动表有关项目的上年金额和本年金额。

  ①资产负债表（见表 2-18-2）：

表 2-18-2   **资产负债表（简表）**

编制单位：甲公司   2014 年 12 月 31 日   单位：万元

资产	年初余额		负债和股东权益	年初余额	
	调整前	调整后		调整前	调整后
⋮			⋮		
交易性金融资产	560	640	递延所得税负债	0	20
			⋮		
			盈余公积	170	179
			未分配利润	400	451
⋮			⋮		

资产负债表项目的调整：

调增交易性金融资产年初余额 80 万元；调增递延所得税负债年初余额 20 万元；调增盈余公积年初余额 9 万元；调增未分配利润年初余额 51 万元。

②利润表（见表 2-18-3）：

表 2-18-3   利润表（简表）

编制单位：甲公司   2014 年度   单位：万元

项目	本期金额	上期金额	
		调整前	调整后
⋮			
加：公允价值变动收益		0	20
⋮			
二、营业利润		390	410
⋮			
三、利润总额		580	600
减：所得税费用		160	165
四、净利润		420	435

利润表项目的调整：

调增公允价值变动收益上年金额 20 万元；调增所得税费用上年金额 5 万元；调增净利润上年金额 15 万元。

（三）

（1）事项（1）会计处理不正确，属于影响已经消除，不用进行更正。

（2）事项（2）会计处理不正确，属于前期重要会计差错，应进行更正。

更正处理为：

借：固定资产   300

　　贷：以前年度损益调整   300

借：以前年度损益调整（300×（12+9）÷（4×12））   131.25

　　贷：累计折旧   131.25

借：以前年度损益调整（（300-131.25）×25%）   42.19

　　贷：应交税费——应交所得税   42.19

（3）事项（3）会计处理不正确，属于前期不重要会计处理，应作为 2014 年会计处理更正。

更正处理为：

借：管理费用   0.1

　　贷：周转材料——低值易耗品　　　　　　　　　　　　　　　　　　0.1

　　（4）事项（4）会计处理不正确，属于前期重要会计差错，应进行更正。

更正处理为：

　　借：以前年度损益调整　　　　　　　　　　　　　　　　　　　　　　80

　　　　贷：存货跌价准备　　　　　　　　　　　　　　　　　　　　　　80

　　借：递延所得税资产　　　　　　　　　　　　　　　　　　　　　　　20

　　　　贷：以前年度损益调整　　　　　　　　　　　　　　　　　　　　20

　　（5）事项（5）会计处理不正确，属于2014年当期会计处理，应更正2014年会计处理。

　　借：管理费用（80÷10×3÷12）　　　　　　　　　　　　　　　　　　2

　　　　贷：累计摊销　　　　　　　　　　　　　　　　　　　　　　　　2

　　（6）合并结转利润分配的金额。

　　借：以前年度损益调整　　　　　　　　　　　　　　　　　　　66.56

　　　　贷：盈余公积　　　　　　　　　　　　　　　　　　　　　　　6.66

　　　　　　利润分配——未分配利润　　　　　　　　　　　　　　　59.90

学习情境十九　资产负债表日后事项

一、单项选择题

1. C　2. A　3. C　4. B　5. D

二、多项选择题

1. BD　2. ABC　3. ABC　4. ABCD　5. ABCD

三、判断题

1. √　2. ×　3. √　4. ×　5. ×

四、简答题

　　1. 答：资产负债表日后调整事项，是指对资产负债表日已经存在的情况提供了新的或进一步证据的事项。资产负债表日后非调整事项，是指表明资产负债表日后发生情况的事项。

　　调整事项与非调整事项的区别在于：调整事项是存在于资产负债表日或以前，资产负债表日后提供了证据对以前已存在的事项所作的进一步说明；而非调整事项是在资产负债表日尚未存在，但在财务报告批准报出日之前发生或存在。

　　这两类事项的共同点在于：调整事项和非调整事项都是在资产负债表日后至财

务报告批准报出日之间存在或发生的，对报告年度的财务会计报告所反映的财务状况、经营成果都将产生重大影响。

2. 答：企业发生的资产负债表日后非调整事项，通常包括：

（1）资产负债表日后发生重大诉讼、仲裁、承诺；

（2）资产负债表日后资产价格、税收政策、外汇汇率发生重大变化；

（3）资产负债表日后因自然灾害导致资产发生重大损失；

（4）资产负债表日后发行股票和债券以及其他巨额举债；

（5）资产负债表日后资本公积转增资本；

（6）资产负债表日后发生巨额亏损；

（7）资产负债表日后发生企业合并或处置子公司；

（8）资产负债表日后，企业利润分配方案中拟分配的以及经审议批准宣告发放的股利或利润。

五、账务处理题

（一）

（1）资产负债表日后事项涵盖期间为：2014 年 1 月 1 日至 2014 年 3 月 30 日。

（2）①事项（1）属于调整事项，相关账务处理如下：

借：以前年度损益调整——主营业务收入　　　　　　　1 000 000

　　应交税费——应交增值税（销项税额）　　　　　　170 000

　　贷：应收账款　　　　　　　　　　　　　　　　　　　　1 170 000

借：库存商品　　　　　　　　　　　　　　　　　　　700 000

　　贷：以前年度损益调整——主营业务成本　　　　　　　　700 000

借：应交税费——应交所得税（300 000×25%）　　　75 000

　　贷：以前年度损益调整——所得税费用　　　　　　　　　75 000

借：利润分配——未分配利润　　　　　　　　　　　225 000

　　贷：以前年度损益调整　　　　　　　　　　　　　　　225 000

借：盈余公积——法定盈余公积　　　　　　　　　　22 500

　　贷：利润分配——未分配利润　　　　　　　　　　　　　22 500

②事项（2）属于非调整事项。由于这一情况在资产负债表日并不存在，是资产负债表日后才发生的事项，因此，应作为非调整事项在会计报表附注中进行披露。

③事项（3）属于非调整事项。这一交易对鸿运公司来说，属于发生重大企业合并或处置子公司的业务，应在其编制 2013 年度财务会计报告时，披露购置乙公司股份的事实，以及有关购置价格的信息。

④事项（4）属于非调整事项。资产负债表日至财务会计报告批准报出日之间由董事会或类似机构制订利润分配方案中的股利（包括现金股利和股票股利，下

同）或资产负债表日至财务会计报告批准报出日之间已由董事会或类似机构制定并经股东大会或类似机构批准宣告发放的股利，均为非调整事项，在会计报表附注中进行披露。其中，现金股利在资产负债表所有者权益中单独列示，股票股利在会计报表附注中单独披露。

（二）

（1）事项（1）属于调整事项。编制会计分录如下：

借：以前年度损益调整——资产减值损失 4 000 000

　　贷：坏账准备 4 000 000

借：递延所得税资产 1 000 000

　　贷：以前年度损益调整——所得税费用 1 000 000

借：利润分配——未分配利润 3 000 000

　　贷：以前年度损益调整 3 000 000

借：盈余公积——法定盈余公积 300 000

　　贷：利润分配——未分配利润 300 000

（2）事项（2）属于非调整事项。由于股票市场的波动出现在 2014 年 2 月，是资产负债表日后才发生或存在的事项，因此，应当作为非调整事项在 2013 年度会计报表附注中进行披露。

（3）事项（3）属于重大差错引起的调整事项。编制会计分录如下：

借：以前年度损益调整——管理费用 1 000 000

　　贷：累计折旧 1 000 000

借：递延所得税资产 250 000

　　贷：以前年度损益调整——所得税费用 250 000

借：利润分配——未分配利润 750 000

　　贷：以前年度损益调整 750 000

借：盈余公积——法定盈余公积 75 000

　　贷：利润分配——未分配利润 75 000

学习情境二十　企业合并与合并报表的编制

一、单项选择题

1. D　2. A　3. D　4. B　5. C　6. A

二、多项选择题

1. ABE　2. ACD　3. ABCDE　4. BC　5. ABCDE　6. AC

三、判断题

1. ×　2. √　3. ×　4. ×　5. ×　6. ×

四、简答题

1. 答：购买法是从购买方的角度出发，购买方通过非同一控制下的企业合并取得了被购买方的净资产或者对被购买方净资产的控制权，应当确认所取得的资产和应当承担的债务，不仅包括被购买方原账面上已确认的资产和负债，而且还包括被购买方原来未予确认的资产和负债。但购买方原持有的资产和负债的计量不受企业合并的影响。

购买法适用于非同一控制下企业合并的处理。

权益结合法是将企业合并看作两个或多个参与合并企业资产和权益的重新组合，由于最终控制方的存在，从最终控制方的角度，同一控制下的企业合并并不会造成企业集团整体经济利益的流入和流出，仅是其原本已经控制的资产和负债空间位置的转移，最终控制方在合并前后实际控制的经济资源并没有发生变化，有关交易事项不应作为出售或购买行为。

权益结合法适用于同一控制下企业合并的处理。

2. 答：合并财务报表是指反映母公司和其全部子公司形成的企业集团（以下简称企业集团）整体财务状况、经营成果和现金流量的财务报表。合并财务报表至少应当包括下列组成部分：①合并资产负债表；②合并利润表；③合并现金流量表；④合并所有者权益（或股东权益，下同）变动表；⑤财务报表附注。

合并范围的确定：

（1）母公司拥有其半数以上的表决权的被投资单位应当纳入合并财务报表的合并范围。

①母公司直接拥有被投资单位半数以上表决权。

②母公司间接拥有被投资单位半数以上表决权。

③母公司直接和间接方式合计拥有被投资单位半数以上表决权。

（2）母公司拥有其半数以下的表决权的被投资单位纳入合并财务报表的合并范围的情况。

①通过与被投资单位其他投资者之间的协议，拥有被投资单位半数以上表决权。

②根据公司章程或协议，有权决定被投资单位的财务和经营政策。

③有权任免被投资单位的董事会或类似机构的多数成员。需要注意的是，在这种情况下，董事会或类似机构必须能够控制被投资单位，否则，该条件不适用。

④在被投资单位董事会或类似机构占多数表决权。需要注意的是，在这种情况下，董事会或类似机构必须能够控制被投资单位，否则，该条件不适用。

（3）在确定能否控制被投资单位时对潜在表决权的考虑。

（4）不纳入合并范围的被投资单位：

①已宣告被清理整顿的原子公司。

②已宣告破产的原子公司。

③母公司不能控制的其他被投资单位。

五、账务处理题

（一）

（1）本合并属于非同一控制下的企业合并，在吸收合并时，A公司的账务处理如下：

借：银行存款		500
固定资产		1 650
商誉（2 000-1 900）		100
贷：长期应付款		250
股本		500
资本公积——股本溢价（2 000-500）		1 500

（2）本合并属于非同一控制下的企业合并，在控股合并时，A公司的账务处理如下：

借：长期股权投资——B公司		2 000
贷：股本		500
资本公积——股本溢价		1 500

（二）因A公司持有B公司100%的股权，因此应将B公司所有者权益与A公司长期股权投资互相抵销。

A公司在编制合并资产负债表时，其抵销分录为：

借：实收资本		120 000
资本公积		96 000
盈余公积		72 000
未分配利润		72 000
贷：长期股权投资——对子公司投资		360 000

其合并工作底稿如表2-20-1所示：

表2-20-1 　　　　　　　　　A公司合并工作底稿 　　　　　　　　　单位：元

项目	A公司	B公司	合计数	抵销分录		合并数
				借方	贷方	
货币资金	240 000	180 000	420 000			420 000
应收账款	120 000	60 000	180 000			180 000

续表

项目	A公司	B公司	合计数	抵销分录 借方	抵销分录 贷方	合并数
存货	180 000	120 000	300 000			300 000
长期股权投资						
对子公司投资	360 000		360 000		360 000	0
其他长期股权投资	300 000		300 000			300 000
固定资产	540 000	120 000	660 000			660 000
无形资产	360 000	300 000	660 000			660 000
资产合计	2 100 000	780 000	2 880 000		360 000	2 520 000
短期借款	180 000	120 000	300 000			300 000
应付账款	60 000	60 000	120 000			120 000
应付职工薪酬	120 000	60 000	180 000			180 000
长期借款	480 000	180 000	660 000			660 000
实收资本	600 000	120 000	720 000	120 000		600 000
资本公积	300 000	96 000	396 000	96 000		300 000
盈余公积	240 000	72 000	312 000	72 000		240 000
未分配利润	120 000	72 000	192 000	72 000		120 000
负债和所有者权益合计	2 100 000	780 000	2 880 000	360 000		2 520 000

（三）

（1）属于非同一控制下企业合并，因为甲、乙公司在合并前不存在任何关联方关系。

（2）在非同一控制下取得的长期股权投资，合并方对发行权益性证券作为合并对价的，以其公允价值作为合并成本，超出被合并方可辨认净资产公允价值份额的，不进行调整，在编制合并报表时作为商誉。所以长期股权投资的初始投资成本为：

2 000×4.2＝8 400（万元）

借：长期股权投资　　　　　　　　　　　　　　8 400

  贷：股本 2 000

    资本公积——股本溢价 6 400

  （3）甲公司对乙公司的长期股权投资采用成本法核算，2014 年年末长期股权投资的账面价值仍为 8 400 万元。

  （4）借：长期股权投资——乙公司（损益调整）（900×80%） 720

    贷：投资收益 720

  （5）合并报表抵销分录：

  ①借：营业收入 800

    贷：营业成本 752

      存货（240×20%） 48

  ②借：应付债券 623

    贷：持有至到期投资 623

  借：投资收益 23

    贷：财务费用 23

  ③借：营业收入 720

    贷：营业成本 600

      固定资产 120

  借：固定资产 6

    贷：管理费用 6

  借：应付账款（720×1.17） 842.4

    贷：应收账款 842.4

  借：应收账款 36

    贷：资产减值损失 36

  ④借：营业收入 60

    贷：管理费用 60

  ⑤借：预收款项 180

    贷：预付款项 180

  ⑥长期股权投资与所有者权益的抵销分录：

  借：实收资本 4 000

    资本公积 2 000

    盈余公积——年初 1 000

        ——本年 90

    未分配利润——年末 2 810

    商誉（8 400-9 000×80%） 1 200

    贷：长期股权投资（8 400+720） 9 120

      少数股东权益（9 900×20%） 1 980

⑦投资收益与利润分配的抵销分录：

借：投资收益 720

 少数股东损益 180

 未分配利润——年初 2 000

 贷：提取盈余公积 90

  未分配利润——年末 2 810

下篇检测

一、单选题

1. A 2. D 3. D 4. D 5. B 6. A 7. C 8. C 9. C 10. B

二、多项选择题

1. BD 2. AC 3. BCE 4. BDE 5. AB 6. ABC 7. ABD 8. AD

三、判断题

1. √ 2. × 3. × 4. × 5. √ 6. × 7. × 8. × 9. × 10. √

四、财务处理题

1.

（1）甲公司会计分录：

①甲公司而言，如无特殊情况，很可能在诉讼中获胜，因此，2013 年 12 月 31 日，甲公司可以作"很可能胜诉"的判断，并预计获得 200 万元赔偿。对于或有资产甲公司不需要编制会计分录。

②2014 年 2 月 15 日：

借：其他应收款——乙公司 172.50

 贷：以前年度损益调整 172.50

借：以前年度损益调整 172.50

 贷：利润分配——未分配利润 172.50

借：利润分配——未分配利润 17.25

 贷：盈余公积 17.25

③2014 年 2 月 16 日：

借：银行存款 172.50

 贷：其他应收款 172.50

（2）乙公司会计分录：

①2013 年 12 月 31 日：

借：营业外支出——赔偿支出（（150+225）÷2） 187.5

    管理费用——诉讼费用 3

    贷：预计负债——未决诉讼 190.5

同时，

借：其他应收款 75

    贷：营业外支出 75

②2014 年 2 月 15 日：

借：预计负债——未决诉讼 190.5

    贷：其他应付款——甲公司 172.50

        其他应付款——法院 3

        以前年度损益调整 15

借：以前年度损益调整 15

    贷：利润分配——未分配利润 15

借：利润分配——未分配利润 1.5

    贷：盈余公积 1.5

③2014 年 2 月 16 日：

借：其他应付款——甲公司 172.50

    其他应付款——法院 3

    贷：银行存款 175.50

④2014 年 3 月 17 日：

借：银行存款 75

    贷：其他应收款 75

2. 乙公司（债务人）：

计算债务重组利得 = 800 - （585+200） = 15 （万元）

计算无形资产的处置损益 = 200 - （100-20） - 10 = 110 （万元）

借：应付账款 800

    累计摊销 20

    贷：主营业务收入 500

        应交税费——应交增值税（销项税额） 85

        无形资产 100

        应交税费——应交营业税 10

        营业外收入——处置非流动资产利得 110

            ——债务重组利得 15

借：主营业务成本 390

    存货跌价准备 10

贷：库存商品		400

甲公司（债权人）：

借：库存商品		500
应交税费——应交增值税（进项税额）		85
无形资产		200
坏账准备		20
贷：应收账款		800
资产减值损失		5

五、综合题

（1）

借：长期股权投资——B公司（成本）		750
贷：银行存款		750

因初始投资成本750万元大于被投资单位可辨认净资产公允价值的份额720万元（2 400×30%），不调整长期股权投资成本。

借：长期股权投资——B公司（损益调整）（450×30%）		135
贷：投资收益		135

（2）

借：长期股权投资——B公司（成本）		920
贷：银行存款		920

因追加投资成本920万元大于被投资单位可辨认净资产公允价值的份额900万元（3 000×30%），不调整长期股权投资成本。

借：盈余公积		13.50
利润分配——未分配利润		121.50
贷：长期股权投资——B公司（损益调整）		135
借：长期股权投资——B公司		1 670
贷：长期股权投资——B公司（成本）		1 670

（3）

①2013年：

借：应收股利		30
贷：投资收益		30
借：银行存款		30
贷：应收股利		30

②2014年：

借：应收股利		36
贷：投资收益		36

借：银行存款   36

  贷：应收股利   36

（4）

①2013 年：

借：固定资产——原价   100

  贷：资本公积   100

借：管理费用   10

  贷：固定资产——累计折旧   10

借：无形资产——原价   50

  贷：资本公积   50

借：管理费用   10

  贷：无形资产——累计摊销   10

②2014 年：

借：固定资产——原价   100

  贷：资本公积   100

借：未分配利润——年初   10

  贷：固定资产——累计折旧   10

借：管理费用   10

  贷：固定资产——累计折旧   10

借：无形资产——原价   50

  贷：资本公积   50

借：未分配利润——年初   10

  贷：无形资产——累计摊销   10

借：管理费用   10

  贷：无形资产——累计摊销   10

（5）

①2013 年：

A. 2012 年 1 月 1 日至 2012 年 12 月 31 日：

2012 年 1 月 1 日至 2012 年 12 月 31 日被投资单位可辨认净资产公允价值变动，合并财务报表中应作如下调整：

借：长期股权投资（600×30%）   180

  贷：盈余公积   13.5

    未分配利润——年初   121.5

    资本公积   45

B. 2013 年 1 月 1 日至 2013 年 12 月 31 日：

2013 年权益法核算应确认的投资收益为 120 万元（（220−20）×60%），成本法核算确认的投资收益为 30 万元，2013 年权益法核算应调增投资收益为 90 万元。

  借：长期股权投资   90

    贷：投资收益   90

②2014 年：

A. 2012 年 1 月 1 日至 2012 年 12 月 31 日：

2012 年 1 月 1 日至 2012 年 12 月 31 日被投资单位可辨认净资产公允价值变动，合并财务报表中应作如下调整：

  借：长期股权投资（600×30%）   180

    贷：盈余公积   13.5

      未分配利润——年初   121.5

      资本公积   45

B. 2013 年 1 月 1 日至 2013 年 12 月 31 日：

  借：长期股权投资   90

    贷：未分配利润——年初   90

  借：未分配利润——年初   9

    贷：盈余公积   9

C. 2014 年 1 月 1 日至 2014 年 12 月 31 日：

2014 年权益法核算应确认的投资收益为 180 万元（（320−20）×60%），成本法核算确认的投资收益为 36 万元（60×60%），2014 年权益法核算应调增投资收益为 144 万元（180−36）；权益法核算应确认的资本公积为 9 万元（（220−200）×75%×60%），成本法核算不确认资本公积，权益法核算应调增资本公积 9 万元。

  借：长期股权投资   153

    贷：资本公积   9

      投资收益   144

（6）

2013 年：

①对 B 公司所有者权益项目的抵销：

  借：股本   1 500

    资本公积——年初（850+150）   1 000

       ——本年   0

    盈余公积——年初   50

       ——本年（220×10%）   22

    未分配利润——年末（450+220×90%−20−50） 578

    商誉   50

    贷：长期股权投资（1670+180+90）   1 940

      少数股东权益（（1500+1000+50+22+578）×40%） 1 260

②对 A 公司投资收益项目的抵销：

借：投资收益   120

    少数股东损益（200×40%）   80

    未分配利润——年初   450

    贷：提取盈余公积   22

        对所有者（或股东）的分配   50

        未分配利润——年末   578

③A 公司应付债券和 B 公司持有至到期投资的抵销：

借：应付债券（500+500×4%÷2）   510

    贷：持有至到期投资   510

④A 公司在建工程和 B 公司投资收益项目的抵销：

借：投资收益   10

    贷：在建工程   10

⑤内部商品销售业务的抵销：

借：营业收入（100×8）   800

    贷：营业成本   800

借：营业成本（60×（8−6））   120

    贷：存货   120

⑥内部固定资产交易的处理：

借：营业收入（234÷1.17）   200

    贷：营业成本   176

        固定资产——原价   24

借：固定资产——累计折旧（24÷4×6/12） 3

    贷：管理费用   3

2014 年：

①对 B 公司所有者权益项目的抵销：

借：股本   1 500

    资本公积——年初   1 000

            ——本年（20×75%）   15

    盈余公积——年初   72

            ——本年（320×10%） 32

    未分配利润——年末（450+220×90%−20+320×90%−20−50−60） 786

    商誉   50

    贷：长期股权投资（1 670+180+90+153） 2 093

        少数股东权益（（1 500+1 000+15+72+32+786）×40%） 1 362

②对 A 公司投资收益项目的抵销：

借：投资收益 180
　　少数股东损益（300×40%） 120
　　未分配利润——年初 578
　　　贷：提取盈余公积 32
　　　　　对所有者（或股东）的分配 60
　　　　　未分配利润——年末 786

③A 公司应付债券和 B 公司持有至到期投资的抵销：

借：应付债券（500+500×4%÷2+500×4%） 530
　　　贷：持有至到期投资 530

④A 公司在建工程和 B 公司投资收益项目的抵销：

借：未分配利润——年初 10
　　　贷：在建工程 10
借：投资收益 20
　　　贷：在建工程 20

⑤内部商品销售业务的抵销：

借：未分配利润——年初 120
　　　贷：营业成本 120
借：营业成本（20×（8-6）） 40
　　　贷：存货 40

⑥内部固定资产交易的处理：

借：未分配利润——年初 24
　　　贷：固定资产——原价 24
借：固定资产——累计折旧 3
　　　贷：未分配利润——年初 3
借：固定资产——累计折旧 6
　　　贷：管理费用 6

综合检测

第一步，本月业务的会计分录：

1. 取得短期借款：

借：银行存款 50 000
　　　贷：短期借款 50 000

2. 购入股票：

借：交易性金融资产 30 000
　　投资收益 200

　　　　　　贷：银行存款　　　　　　　　　　　　　　　　　　　　30 200

　　3. 报销差旅费：

　　借：管理费用　　　　　　　　　　　　　　　　　　　　　　　1 180

　　　　库存现金　　　　　　　　　　　　　　　　　　　　　　　　320

　　　　贷：其他应收款　　　　　　　　　　　　　　　　　　　　　1 500

　　4. 购入甲、乙材料，货款未付：

　　借：在途物资——甲材料　　　　　　　　　　　　　　　　　　18 000

　　　　　　　　——乙材料　　　　　　　　　　　　　　　　　　 4 800

　　　　应交税费——应交增值税（进项税额）　　　　　　　　　 3 876

　　　　贷：应付账款　　　　　　　　　　　　　　　　　　　　　26 676

　　5. 支付甲、乙材料运费：

　　借：在途物资——甲材料　　　　　　　　　　　　　　　　　　 2 000

　　　　　　　　——乙材料　　　　　　　　　　　　　　　　　　 1 200

　　　　贷：银行存款　　　　　　　　　　　　　　　　　　　　　 3 200

　结转入库材料成本：

　　借：原材料——甲材料　　　　　　　　　　　　　　　　　　　20 000

　　　　　　——乙材料　　　　　　　　　　　　　　　　　　　　 6 000

　　　　贷：在途物资——甲材料　　　　　　　　　　　　　　　　20 000

　　　　　　　　　——乙材料　　　　　　　　　　　　　　　　　 6 000

　　6. 领料：

　　借：生产成本——A 产品　　　　　　　　　　　　　　　　　　12 500

　　　　　　　　——B 产品　　　　　　　　　　　　　　　　　　 8 000

　　　　制造费用　　　　　　　　　　　　　　　　　　　　　　　 2 500

　　　　管理费用　　　　　　　　　　　　　　　　　　　　　　　 1 000

　　　　贷：原材料——甲材料　　　　　　　　　　　　　　　　　19 000

　　　　　　　　——乙材料　　　　　　　　　　　　　　　　　　 5 000

　　7. 设备交换货车：

　　借：固定资产清理　　　　　　　　　　　　　　　　　　　　　80 000

　　　　累计折旧　　　　　　　　　　　　　　　　　　　　　　　20 000

　　　　贷：固定资产——设备　　　　　　　　　　　　　　　　 100 000

　支付相关税费：

　　借：固定资产清理　　　　　　　　　　　　　　　　　　　　　　 200

　　　　贷：银行存款　　　　　　　　　　　　　　　　　　　　　　 200

　固定资产货车入账：

　　借：固定资产——货车　　　　　　　　　　　　　　　　　　　60 000

　　　　营业外支出　　　　　　　　　　　　　　　　　　　　　　20 200

　　　贷：固定资产清理　　　　　　　　　　　　　　　　　80 200
　8. 债务重组：
　借：银行存款　　　　　　　　　　　　　　　　　40 000
　　　坏账准备　　　　　　　　　　　　　　　　　5 000
　　　营业外支出　　　　　　　　　　　　　　　　5 000
　　　贷：应收账款　　　　　　　　　　　　　　　　　50 000
　9. 提现：
　借：库存现金　　　　　　　　　　　　　　　　　58 000
　　　贷：银行存款　　　　　　　　　　　　　　　　　58 000
　10. 支付本月职工工资：
　借：应付职工薪酬　　　　　　　　　　　　　　　58 000
　　　贷：库存现金　　　　　　　　　　　　　　　　　58 000
　11. 支付财产保险费：
　借：管理费用　　　　　　　　　　　　　　　　　600
　　　贷：库存现金　　　　　　　　　　　　　　　　　600
　12. 卖出股票：
　借：银行存款　　　　　　　　　　　　　　　　　54 780
　　　贷：交易性金融资产　　　　　　　　　　　　　　30 000
　　　　　投资收益　　　　　　　　　　　　　　　　24 780
　13. 支付水电费：
　借：制造费用　　　　　　　　　　　　　　　　　1 600
　　　管理费用　　　　　　　　　　　　　　　　　800
　　　贷：银行存款　　　　　　　　　　　　　　　　　2 400
　14. 接受南光公司投资：
　借：固定资产　　　　　　　　　　　　　　　　150 000
　　　银行存款　　　　　　　　　　　　　　　　　50 000
　　　贷：实收资本　　　　　　　　　　　　　　　　200 000
　15. 计提本月职工工资：
　借：生产成本——A 产品　　　　　　　　　　　　26 000
　　　　　　　——B 产品　　　　　　　　　　　　14 000
　　　制造费用　　　　　　　　　　　　　　　　10 000
　　　管理费用　　　　　　　　　　　　　　　　8 000
　　　贷：应付职工薪酬——工资　　　　　　　　　　58 000
　16. 计提福利费：
　借：生产成本——A 产品　　　　　　　　　　　　3 640
　　　　　　　——B 产品　　　　　　　　　　　　1 960

借：制造费用 1 400

管理费用 1 120

贷：应付职工薪酬——职工福利费 8 120

17. 计提本月固定资产折旧：

借：制造费用 1 700

管理费用 1 300

贷：累计折旧 3 000

18. 支付排污超标罚款：

借：营业外支出 15 000

贷：银行存款 15 000

19. 支付招待费：

借：管理费用 600

贷：库存现金 600

20. 报销医药费：

借：应付职工薪酬——职工福利费 3 265

贷：库存现金 3 265

21. 结转本月制造费用：

借：生产成本——A 产品 11 180

——B 产品 6 020

贷：制造费用 17 200

22. 结转本月完工 A 产品成本：

借：库存商品——A 产品 53 320

贷：生产成本——A 产品 53 320

23. 销售 A 产品，货款未收：

借：应收账款 117 936

贷：主营业务收入 100 800

应交税费——应交增值税（销项税额） 17 136

24. 计算应交消费税：

借：营业税金及附加 800

贷：应交税费——应交消费税 800

25. 支付运杂费：

借：销售费用 500

贷：银行存款 500

26. 结转 A 产品销售成本：

借：主营业务成本 47 988

贷：库存商品 47 988

27. 支付借款利息：

借：财务费用   900

  贷：银行存款   900

28. 结转收入类账户：

借：主营业务收入   100 800

    投资收益   24 580

  贷：本年利润   125 380

结转支出类账户：

借：本年利润   104 988

  贷：主营业务成本   47 988

    营业外支出   40 200

    管理费用   14 600

    销售费用   500

    财务费用   900

    营业税金及附加   800

29. 计提所得税：

借：所得税费用   5 098

  贷：应交税费——应交所得税   5 098

结转所得税费用：

借：本年利润   5 098

  贷：所得税费用   5 098

30. 提取盈余公积：

借：利润分配——提取法定盈余公积   1 529.4

  贷：盈余公积   1 529.4

31. 分配利润：

借：利润分配——应付股利   2 294.1

  贷：应付股利   2 294.1

32. 结转本年利润：

借：本年利润   15 294

  贷：利润分配——未分配利润   15 294

结转利润分配明细：

借：利润分配——未分配利润   3 823.5

  贷：利润分配——提取法定盈余公积   1 529.4

    ——应付股利   2 294.1

第二步，编制资产负债表和利润表：

财务会计实务同步训练

资产负债表（简表）

会企 01 表

编制单位：黄龙公司　　　　　　2014 年 12 月 31 日　　　　　　单位：元

资产	年初余额	期末余额	负债和所有者权益	年初余额	期末余额
货币资金		225 285.00	短期借款		100 000.00
应收账款		185 736.00	应付账款		244 676.00
其他应收款		2 500.00	应付利息		3 000.00
存货		144 312.00	应付职工薪酬		4 855.00
固定资产		360 550.00	应交税费		19 158.00
			应付股利		2 294.10
			负债合计		373 983.10
			实收资本		300 000.00
			资本公积		13 000.00
			盈余公积		8 779.40
			未分配利润		222 620.50
			所有者权益合计		544 399.90
资产总计		918 383.00	负债和所有者权益总计		918 383.00

利润表（简表）

会企 02 表

编制单位：黄龙公司　　　　　　2014 年度　　　　　　单位：元

项　目	本期金额	上期金额（略）
一、营业收入	100 800.00	
减：营业成本	47 988.00	
营业税金及附加	800.00	
销售费用	500.00	
管理费用	14 600.00	
财务费用	900.00	
资产减值损失		
加：公允价值变动收益（损失以"–"号填列）		
投资收益（损失以"–"号填列）	24 580.00	

202

续表

项　目	本期金额	上期金额
其中：对联营企业和合营企业的投资收益		
二、营业利润（亏损以"－"号填列）	60 592.00	
加：营业外收入		
减：营业外支出	40 200.00	
其中：非流动资产处置损失		
三、利润总额（亏损总额以"－"号填列）	20 392.00	
减：所得税费用	5 098.00	
四、净利润（净亏损以"－"号填列）	15 294.00	
五、其他综合收益		
六、其他综合收益净额		
七、综合收益总额	15 294.00	
八、每股收益		